I0570068

COREANO PARA K-POP FANS

DOMINA LO BÁSICO DEL HANGUL, LA GRAMÁTICA Y PRONUNCIACIÓN - ENTIENDE LA LETRA DE LAS CANCIONES Y LOS CHISTES, Y CANTA CON TUS ÍDOLOS FAVORITOS

HALLYU PRESS

Diseño de portada por Kostis Pavlou

1ª Edición 2024

Para Luna

목차 - TABLA DE CONTENIDOS

인트로/INTRO

케이팝 팬을 위한 한국어 (KEIPAP PAEN-EUL WIHAN HANGUGEO)

EN LAS DOS ÚLTIMAS DÉCADAS, la Ola coreana —o *Hallyu Wave*— ha arrasado alrededor del mundo, cautivando corazones con su irresistible mezcla de música, dramas, películas y moda. El K-pop —un género musical sinónimo de pasión y creatividad— es el corazón de este fenómeno cultural.

Si eres uno de los millones de fans que no se cansa de los ritmos contagiosos, las increíbles *performances* y los carismáticos ídolos, ¡este libro es para ti!

Como verdadero fan del K-pop, sabes que aprender coreano —한국어 (hangugeo)— es la clave para valorar aún más a tus artistas favoritos y su trabajo. ¡Es por eso que *Coreano para K-Pop fans* será tu guía ideal para aprender el idioma y sumergirte en el mundo del K-pop como nunca antes lo habías hecho!

Además, la música es una maravillosa llave que abre la puerta al aprendizaje de idiomas. Por ejemplo, la madre inmigrante de uno de nuestros empleados aprendió inglés con las letras de sus canciones favoritas de los Beatles cuando era joven. Esto demuestra lo poderosa que puede ser la música en el aprendizaje de idiomas.

Estos son algunos aspectos que deberás tener en cuenta al leer este libro:

- Cuando consideramos oportuno, las palabras y frases en hangul van acompañadas de la pronunciación romanizada entre paréntesis.
- A medida que avances en el libro, plantéate el reto de confiar cada vez menos en la romanización y centrarte más en leer directamente el hangul. Esto te ayudará a mejorar tu capacidad para leer en coreano.
- En general, la romanización del hangul puede variar. Por ejemplo, la misma palabra 한글 puede escribirse como «hangul» o «hangeul», así que sé flexible.
- Cuando es práctico, la romanización de las sílabas se separa con guiones.
- Muchos ejemplos van acompañados de una «traducción literal» en cursiva que conserva el orden original de las palabras para ayudarte a entender la construcción de las frases.
- No hay ejercicios ni un resúmen al final de cada capítulo. Hemos recopilado tanta información que decidimos evitar la redundancia. En su lugar, en los capítulos 11 y 12 te ofrecemos herramientas y recursos útiles para la práctica y el aprendizaje.
- Se incluyen **tres audioguías** para los Capítulos 1, 8 y 9. Escanea o haz clic (solo en el libro electrónico) en el código QR que aparece a continuación. (Si tienes problemas para acceder a los archivos, por favor envía un correo a hallyupressbooks@ gmail.com. Puede tardar un poco más, pero nos aseguraremos de que recibas tus guías).

Este libro contiene todo lo que necesitas para dominar los conceptos básicos del Hangul —el sistema de escritura coreano— y aprender sobre gramática y vocabulario. Cada capítulo hablará de temas relacionados con los fans del K-pop, por lo que podrás poner en práctica tus nuevos conocimientos lingüísticos para entender letras de canciones y entrevistas. También podrás expresar tu amor y apoyo a tus ídolos.

Es importante que sepas que todos los idiomas son complejos y tienen muchas excepciones a las reglas e idiosincrasias. El coreano es un ejemplo de ello. Empieza por los conceptos más comunes y útiles, y aprende las particularidades más adelante, a medida que las vayas descubriendo. Recuerda, ¡tu capacidad para adaptarte es la clave para aprender un nuevo idioma!

Tanto si eres un nuevo fan que acaba de conocer el adictivo mundo del K-pop o un seguidor incondicional que busca profundizar su conexión con sus ídolos favoritos, *Coreano para K-pop fans* será tu compañero perfecto en tu viaje de aprendizaje de idiomas. Prepárate para conectar con otros fans de todos los rincones del mundo, descubrir la belleza del idioma y la cultura coreanos y llevar tu experiencia como fan del K-pop al siguiente nivel.

¿Qué esperas? Sumérgete en *Coreano para K-Pop fans* y déjate hechizar por la magia del K-pop y el 한국어 (hangugeo, el idioma coreano).

¡시작해봐요! (si-jak-hae-bwa-yo) - ¡Comencemos! / ¡Comencemos-hagamos!

3

UNO
한글 (HANGUL)
EL ALFABETO COREANO

COMO FAN APASIONADO, es probable que te hayas encontrado cantando o intentando cantar canciones pegadizas, repitiendo las palabras que crees que estás oyendo, sin saber si estás pronunciándolas bien. ¡No te preocupes! Tu camino para aprender coreano comienza con un primer paso fundamental: comprender el hangul, el alfabeto coreano.

El hangul es un sistema de escritura ingeniosamente diseñado que distingue al coreano de otros idiomas de Asia Oriental. A diferencia de los caracteres chinos o *los kanji* japoneses, el hangul es un alfabeto fonético, lo que significa que cada símbolo representa un sonido específico en lugar de un significado. Esto permite a los hablantes no nativos familiarizarse con el idioma mucho más fácilmente.

En este capítulo, exploraremos la historia y la estructura del hangul, desglosando las consonantes, las vocales y sus combinaciones. Cuando llegues al final de este capítulo, tendrás una sólida comprensión del hangul y empezarás a leer y escribir como un auténtico fan del K-pop.

Resumen de la historia del hangul

El hangul es un sistema muy ingenioso, echemos un breve vistazo a su historia. En el siglo XV, durante el reinado del rey Sejong el Grande de la dinastía Joseon, la lengua coreana se escribía principalmente con caracteres chinos, conocidos como *hanja*. Sin embargo, *era* difícil de aprender, lo que creaba una importante brecha de alfabetización entre la élite y la población común.

El rey Sejong reconoció este problema e intentó crear un nuevo sistema de escritura que todos los coreanos pudieran aprender y utilizar fácilmente. En 1443, tras años de investigación y desarrollo, el rey Sejong y un grupo de eruditos dieron a conocer el Hangul, un alfabeto revolucionario que transformaría la sociedad coreana.

Al principio, la élite se opuso al hangul, ya que lo consideraba una amenaza para su poder y estatus. Pero con el tiempo, ganó popularidad y acabó convirtiéndose en el principal sistema de escritura de la lengua coreana.

Hoy en día, se considera uno de los sistemas de escritura más científicos y eficaces del mundo, y es un testimonio de la visión y dedicación del rey Sejong a su pueblo.

Entonces, ¡manos a la obra!

자음 (JA-EUM) & 모음 (MO-EUM) - CONSONANTES Y VOCALES

El alfabeto Hangul está compuesto por 24 letras: 14 consonantes y 10 vocales. Además de las letras básicas, hay 5 «consonantes dobles» y 11 diptongos, o «vocales compuestas». Cada letra está diseñada para representar un sonido específico, y se combinan para formar «bloques silábicos».

자음 (ja-eum) - *Consonantes básicas.* Las consonantes en hangul reflejan la forma de la boca al producir los sonidos. Por ejemplo, la letra ㄱ representa el sonido «g» o «k», y su forma imita la lengua tocando el paladar blando, o «velo», en la parte posterior de la boca. Otras consonantes, como ㄴ (n), ㅁ (m) y ㅅ (s), siguen principios similares, y sus formas reflejan la posición de la lengua, los dientes o los labios.

Sin embargo, gran parte de esta información no es muy intuitiva y, francamente, tampoco muy útil, así que no inviertas demasiado tiempo en ello. Centrémonos simplemente en aprender las letras y sus sonidos asociados.

Las catorce consonantes básicas:

Hangul	Nombre de la letra	Pronunciación romanizada	Notas
ㄱ	giyeok	g/k	similar a la «k» en «rock» o la «g» en «gato»
ㄴ	nieun	n	similar a la «n» de «no»
ㄷ	digeut	d/t	similar a la «t» en «robot» o la «d» en «dedo»
ㄹ	rieul	r/l	una combinación de sonidos «r» y «l», similar a la «r» en «río» o la «l» en «canal»
ㅁ	mieum	m	como la «m» de «mamá»
ㅂ	bieup	b/p	similar a la «p» en «papá» o la «b» en «bonito»
ㅅ	siot	s	como la «s» de «sol»
ㅇ	ieung	ng	muda al principio de una sílaba, pero cuando está al final se pronuncia como «ng» en «camping»
ㅈ	jieut	j	similar a la «ll» en «llanto»
ㅊ	chieut	ch	aspirada; similar a la «ch» de «chico»
ㅋ	kieuk	k	aspirada; similar a la «k» en «rock»
ㅌ	tieut	t	aspirada; similar a la «t» en «top»
ㅍ	pieup	p	aspirada; a la «p» en «chip»
ㅎ	hieut	h	similar a la «j» en «jugo»

*ㅇ *es una consonante muda que se utiliza cuando un bloque silábico (que explicaremos más adelante) solo tiene un sonido vocálico, como «ah» u «oh». En coreano, no se puede utilizar una vocal sola sin una consonante por delante, así que utilizan esta consonante muda como marcador de posición. Pero cuando se utiliza como consonante al final de un bloque silábico, se pronuncia «ng», como en «camping».*

Observa que algunas de las consonantes coreanas básicas suenan similares a las intermedias del inglés tal y como las conocemos, lo que hace que sean más difíciles de pronunciar.

- ㄱ es una combinación de «g» y «k»

- ㄷ es una combinación de «d» y «t»
- ㄹ es una combinación de «l» y «r
- ㅂ es una combinación de «b» y «p»

Por eso cuando veas una «g» o una «k», una «b» o una «p», etc. en este libro —o cuando estos sonidos aparecen romanizados en otros lugares como en los menús de los restaurantes— ten en cuenta que son básicamente iguales e intercambiables.

쌍자음 **(ssang-ja-eum) -** *Consonantes dobles.* Las consonantes dobles, como ㄲ (gg/kk) y ㅆ (ss), se forman combinando dos consonantes simples para crear un sonido más enfático. También se llaman consonantes «tensas», sugiriendo la forma en que los músculos se tensan al emitir estos sonidos. Suelen aparecer en palabras onomatopéyicas (palabras que imitan sonidos naturales) o al expresar emociones fuertes.

Las cinco consonantes dobles:

Hangul	Nombre de la letra	Pronunciación romanizada	Notas
ㄲ	ssang-giyeok	gg/kk	tensa; versión más fuerte de ㄱ, como «q» en «quiero»
ㄸ	ssang-digeut	dd/tt	tensa; versión más fuerte de ㄷ, como «t» en «taza»
ㅃ	ssang-bieup	bb/pp	tensa; versión más fuerte de ㅂ, como «p» en «papa»
ㅆ	ssang-siot	ss	tensa; versión más fuerte de ㅅ, como «s» en «sol»
ㅉ	ssang-jieut	jj	tensa; versión más fuerte de ㅈ, como «tz» en «pizza»

모음 **(mo-eum) -** *Vocales básicas.* Las vocales del hangul son muy intuitivas, y cada símbolo representa un sonido vocálico distinto. Están diseñadas para parecerse a la forma de la boca al producir los sonidos. Por ejemplo, la vocal ㅏ representa el sonido «a», y su forma se asemeja a una boca abierta. Otras vocales, como ㅗ (o) y ㅜ (u), siguen patrones similares. Una vez más, si esto te parece confuso, no te preocupes. Céntrate en memorizar las letras.

Las vocales coreanas mantienen sus sonidos distintivos independientemente de su posición en una palabra. Tanto si aparece al principio, como en medio o al final de una palabra, su pronunciación permanece constante, al igual que el español. Las vocales del hangul no tienen nombres especiales, sino que simplemente se las llama por los sonidos que representan.

Las diez vocales básicas:

Hangul	Pronunciación romanizada	Notas
ㅏ	ah	como «a» en «padre»
ㅓ	eo	Es una combinación de «e» y «o»
ㅗ	o	como la «o» en «como»
ㅜ	u	como la «u» en «fruta»
ㅡ	eu	Es una combinación de «e» y «u»
ㅣ	i	como «i» en «iguana»
ㅑ	yah	se pronuncia /ia/
ㅕ	yeo	Es una combinación de «y», «e» y «o»
ㅛ	yo	se pronuncia /io/
ㅠ	yu	se pronuncia /iu/

복합 모음 (bok-hap mo-eum) - *Diptongos (vocales compuestas)*. Al igual que las consonantes dobles, los diptongos representan ciertos sonidos que no existen en español. Los diptongos son combinaciones de dos sonidos vocálicos que se combinan para crear un nuevo sonido. Algunos ejemplos de diptongos en hangul son ㅐ (ae) y ㅘ (wa). Aprender a pronunciar estos diptongos te llevará al siguiente nivel en tus conocimientos de coreano.

Los once diptongos:

Hangul	Pronunciación romanizada	Notas
ㅐ	ae	se pronuncia /e/
ㅔ	e	se pronuncia /e/
ㅚ	oe	se pronuncia /we/
ㅟ	wi	se pronuncia /wi/
ㅘ	wa	se pronuncia /wa/
ㅙ	wae	se pronuncia /we/
ㅝ	wo	se pronuncia /wo/
ㅞ	we	se pronuncia /we/
ㅢ	ui	se pronuncia /ui/
ㅒ	yae	se pronuncia /ie/
ㅖ	ye	se pronuncia /ie/

Algunos consejos que te ayudarán:

- Las vocales que tienen dos líneas verticales u horizontales - ㅑ, ㅕ, ㅛ y ㅠ - empiezan a con el sonido «i» más el sonido de la vocal.
- Las vocales ㅔ y ㅐ suenan básicamente igual. Lo mismo ocurre con ㅚ, ㅙ y ㅞ, así como con ㅒ y ㅖ. La única forma de saber cuándo utilizar cada vocal en una palabra es memorizar su ortografía.

음절 (eumjeol) - Bloques silábicos

A diferencia de la disposición lineal de los caracteres en español, el hangul agrupa los caracteres en unidades silábicas.

Cada una está representada por un bloque —conocido como *bloque silá-bico*— que consta de dos o más letras que se combinan para formar una sola sílaba. El hangul es un sistema de escritura fonética, lo que significa que los caracteres representan sonidos y no significados, como los caracteres chinos.

Las palabras en coreano se componen de uno o más bloques silábicos, y cada uno representa una sílaba distinta. Esta agrupación única es un aspecto fundamental del sistema de escritura coreano y lo diferencia de muchos otros sistemas de escritura del mundo.

Existen nueve tipos de bloques silábicos:

1. consonante + vocal vertical – Ejemplo: 차

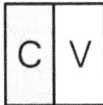

2. consonante + vocal horizontal – Ejemplo: 무

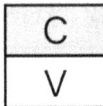

3. consonante + vocal compuesta – Ejemplo: 외

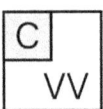

4. consonante + vocal vertical + consonante final— Ejemplo: 점

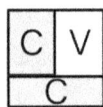

5. consonante + vocal horizontal + consonante final — Ejemplo: 음

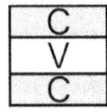

6. consonante + vocal compuesta + consonante final — Ejemplo: 원

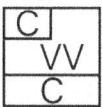

7. consonante + vocal vertical + (consonante final + consonante final) — Ejemplo: 많

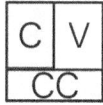

8. consonante + vocal horizontal + (consonante final + consonante final) — Ejemplo: 뷻

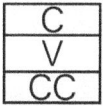

9. consonante + vocal compuesta + (consonante final + consonante final) – Aunque en teoría es posible que una sílaba se construya así, en realidad casi nunca se utiliza, tanto que ni siquiera se nos ocurrió un ejemplo de uso real en una palabra. En otras palabras, no te preocupes por esta.

받침 **(batchim) -** *La consonante final.* Esta se añade al final de un bloque silábico se conoce como 받침 (batchim) en coreano, y se traduce como «base de apoyo». La presencia o ausencia de una consonante final en una sílaba determina qué partículas y terminaciones deben utilizarse en una frase. (Más adelante hablaremos de esto).

Las consonantes cambian de sonido cuando se utilizan como consonantes finales en las sílabas. Todas se pronuncian con uno de estos siete sonidos:

Consonante finales

	Si están en la posición de consonantes finales...	Pronúncialas así...
1	ㄱ, ㅋ, ㄲ, ㄳ, ㄺ	ㄱ (k)
2	ㄴ, ㄵ, ㄶ	ㄴ (n)
3	ㄷ, ㅌ, ㅅ, ㅆ, ㅈ, ㅊ, ㅎ	ㄷ (t)
4	ㄹ, ㄼ, ㄽ, ㅀ	ㄹ (l)
5	ㅁ, ㄻ	ㅁ (m)
6	ㅂ, ㅍ, ㅄ, ㄿ	ㅂ (p)
7	ㅇ	ㅇ (ng)

Para añadir un poco más de complejidad —como si la necesitaras—, las consonantes finales pueden cambiar la pronunciación de las sílabas que las siguen inmediatamente. Este fenómeno se conoce como *asimilación fonética*.

Por ejemplo, cuando a la consonante final de una sílaba le sigue una sílaba que empieza por otra consonante, la pronunciación *(pero NO la escritura)* de la consonante final puede cambiar para que la transición sea «más suave».

Ejemplos de asimilación fonética:

1. ㄱ (o ㄲ, ㅋ, ㄳ, ㄹ) → ㅇ **asimilación**

Ejemplo: 막내 **(mak-nae)** se pronuncia 망내 **(mang-nae)**. La consonante final ㄱ **(k)** en 막 se asimila a ㅇ **(ng)** cuando va seguida de ㄴ **(n)**.

2. ㄷ (o ㅅ, ㅆ, ㅈ, ㅊ, ㅌ, ㅎ) → ㄴ **asimilación**

Ejemplo: 첫눈 **(cheot-nun)** se pronuncia 천눈 **(cheon-nun)**. Aquí, la consonante final ㅅ **(t)** en 첫 se asimila a ㄴ **(n)** cuando va seguida de ㄴ **(n)**, lo que hace que su pronunciación sea más fácil.

3. ㅂ (or ㅍ, ㄼ, ㄿ, ㅄ) → ㅁ **asimilación**

Ejemplo: 밥물 **(bap-mul)** se pronuncia 밤물 **(bam-mul)**. La consonante final ㅂ **(p)** en 밥 se asimila a ㅁ **(m)** cuando va seguida de ㅁ **(m)**.

4. ㄴ → ㄹ **asimilación**

Ejemplo: 한류 **(han-ryu)** se pronuncia 할류 **(hal-lyu)**. La consonante final ㄴ **(n)** en 한 se asimila a ㄹ **(l)** cuando va seguida de ㄹ **(l)**.

Los primeros tres ejemplos forman parte de un proceso llamado «nasalización». Hay muchas otras reglas de cambio de sonido, pero no te preocupes. Por ahora, solo necesitas saber que estas reglas existen para que puedas volver a ellas cuando estés preparado. Una vez que hayas construido una base sólida, podrás seguir ampliándola a tu propio ritmo.

Hangul en acción

Ahora que ya conoces las reglas básicas del hangul, volvamos a nuestra lista de consonantes básicas, consonantes dobles, vocales básicas y diptongos con ejemplos para que puedas verlos en la práctica.

자음 (ja-eum) - Consonantes básicas:

Hangul	Ejemplo	Hangul	Ejemplo
ㄱ (g/k)	가사(ga-sa) - letra	ㅇ (ng)	방송 (bang-song) - transmisión
ㄴ (n)	노래(no-rae) - canción	ㅈ (j)	제작 (je-jak) - producción
ㄷ (d/t)	댄스 (daen-seu) - baile	ㅊ (ch)	춤 (chum) - baile
ㄹ (r/l)	리듬(ri-deum) - ritmo	ㅋ (k)	콘서트(kon-seo-teu) - concierto
ㅁ (m)	멤버(mem-beo) - miembro	ㅌ (t)	타이틀 (ta-i-teul) - título
ㅂ (b/p)	방탄소년단 (Bang-tan So-nyeon-dan) - BTS	ㅍ (p)	팬 (paen) - fan
ㅅ (s)	쇼 (syo) - espectáculo	ㅎ (h)	활동(hwal-dong) - actividad/promoción
ㅇ (silent)	아이돌(a-i-dol) - ídolo		

쌍자음 (ssang-ja-eum) - Consonantes dobles:

Hangul	Ejemplo
ㄲ (gg/kk)	깡 (kkang) - espíritu, determinación
ㄸ (dd/tt)	떼창(tte-chang) - canto en grupo (por los fans)
ㅃ (bb/pp)	뽀뽀 (bbobbo) - besos
ㅆ (ss)	팬싸인회(paen-ssa-in-hoe) - evento de fan signing
ㅉ (jj)	짱 (jjang) - increíble, el mejor

모음 (mo-eum) - Vocales básicas:

Hangul	Ejemplo	Hangul	Ejemplo
ㅏ (a)	안무 (an-mu) - choreografía	ㅣ (i)	인기 (in-gi) - popularidad
ㅓ (eo)	에너지 (e-neo-ji) - energía	ㅑ (ya)	야광봉 (ya-gwang-bong) - varita/palo de luz
ㅗ (o)	보컬 (bo-keol) - vocal	ㅕ (yeo)	연습 (yeon-seup) - práctica
ㅜ (u)	무대 (mu-dae) - escenario	ㅛ (yo)	요소 (yoso) - elemento
ㅡ (eu)	음악 (eum-ak) - música	ㅠ (yu)	유닛 (yu-nit) - unidad (subgrupo)

복합 모음 (bokhap mo-eum) - Diptongos (vocales compuestas):

Hangul	Ejemplo	Hangul	Ejemplo
ㅐ (ae)	앨범 (ael-beom) - álbum	ㅝ (wo)	원곡 (won-gok) - canción original
ㅔ (e/ae)	이벤트 (i-ben-teu) - evento	ㅞ (we)	웨이브 (we-i-beu) - wave (paso de baile)
ㅚ (oe)	회사 (hoesa) - empresa, ejemplo, JYP, HYBE	ㅢ (ui)	의상 (ui-sang) - disfraz, outfit
ㅟ (wi)	위치 (wi-chi) - posición, ubicación	ㅒ (yae)	얘기 (yae-gi) - conversación, historia
ㅘ (wa)	좌석 (jwa-seok) - asiento	ㅖ (ye)	예능 (ye-neung) - programa de variedades/comedia/juegos
ㅙ (wae)	괜찮아 (gwaen-chan-a) - «Está bien»		

Desafíos comunes para los hispanohablantes

Aunque podría parecer que la pronunciación en coreano es sencilla a primera vista, los hispanohablantes suelen encontrarse con algunos obstáculos.

1. Sonidos diferentes: El coreano contiene sonidos que no existen en español, como los tensos ㄲ (gg/kk) o ㅃ (bb/pp). Estos sonidos requieren una colocación diferente de la lengua o una mayor presión sobre los labios. Practica escuchando a hablantes nativos e intenta imitar la forma en que producen estos sonidos únicos.

2. Acentuación de las palabras: A diferencia del español, que acentúa determinadas sílabas de una palabra, el coreano mantiene un patrón de acentuación más uniforme. En coreano, cada sílaba recibe el mismo acento, lo que crea un flujo rítmico y uniforme del habla. Como hispanohablante, puede que necesites practicar la pronunciación de palabras coreanas con un patrón de acentuación más uniforme para conseguir una pronunciación más auténtica.

Esta diferencia la podrás ver con palabras prestadas —son palabras extranjeras importadas— como «computer». En inglés, la palabra «computer» se pronuncia con acento en la segunda sílaba (com-PU-ter), mientras que en coreano (escrito fonéticamente como 컴퓨터) no se acentúa ninguna sílaba.

DIVERSIÓN K-POP – NOMBRES COMUNES DE ÍDOLOS DEL K-POP

¡Has aprendido lo suficiente para leer y escribir los nombres de tus ídolos favoritos! Estos son los 22 nombres más comunes entre los ídolos del K-pop y el grupo al que pertenecen.

- 유진 **(Yujin)** - IVE, Kep1er
- 수빈 **(Soobin)** - Cosmic Girls, OH MY GIRL
- 민지 **(Minji)** - NewJeans, 4Minute
- 지수 **(Jisoo)** - BLACKPINK, Lovelyz
- 채영 **(Chaeyoung)** - TWICE, fromis_9
- 지연 **(Jiyeon)** - T-ara, Weki Meki
- 하영 **(Hayoung)** - Apink, fromis_9
- 은비 **(Eunbi)** - IZ*ONE, GFRIEND
- 수연 **(Suyeon)** - Weki Meki, fromis_9
- 보라 **(Bora)** - SISTAR, Cherry Bullet
- 은지 **(Eunji)** - Apink, GFRIEND
- 지아 **(Jia)** - miss A, Weki Meki
- 현진 **(Hyunjin)** - Stray Kids, LOONA
- 재현 **(Jaehyun)** - NCT, Golden Child
- 지훈 **(Jihoon)** - TREASURE, P1Harmony
- 민호 **(Minho)** - SHINee, Stray Kids
- 지민 **(Jimin)** - BTS, AOA
- 태용 **(Taeyong)** - NCT, NCT 127
- 진영 **(Jinyoung)** - GOT7, B1A4
- 영재 **(Youngjae)** - GOT7, B.A.P
- 지훈 **(Jihoon)** - Wanna One, TREASURE
- 우영 **(Wooyoung)** - ATEEZ, 2PM

Los apellidos coreanos son monosilábicos (compuestos por una sílaba) y se anteponen a los nombres. Los 20 apellidos más comunes en Corea son:

1. 김 (Kim)
2. 이 (Lee/Yi)
3. 박 (Park)
4. 최 (Choi)
5. 정 (Jung/Jeong)
6. 강 (Kang)
7. 조 (Cho/Jo)
8. 윤 (Yoon)
9. 장 (Jang)
10. 임 (Lim/Im)
11. 한 (Han)
12. 오 (Oh)
13. 서 (Seo)
14. 신 (Shin)
15. 권 (Kwon)
16. 황 (Hwang)
17. 안 (Ahn)
18. 송 (Song)
19. 전 (Jeon)
20. 홍 (Hong)

Recuerda que la romanización de los nombres y palabras coreanos a veces puede variar, por lo que puedes encontrar ligeras diferencias de ortografía en distintas fuentes. (Por ejemplo: para 한글, mientras que «Hangeul» se acerca más a la romanización correcta, «Hangul» es más reconocido internacionalmente).

Solo por diversión, comprueba si puedes averiguar cómo se escriben los nombres de tus ídolos favoritos. Luego usa Google para comprobar si los escribiste bien.

En el próximo capítulo, combinaremos las letras que estudiamos en este capítulo para aprender algunas palabras básicas en coreano.

Descarga los archivos pdf y de audio del Capítulo 1 - Consonantes y vocales, utilizando el código QR de la Introducción.

DOS
PALABRAS DE USO DIARIO
VOCABULARIO ESENCIAL

SABEMOS que estás deseando sumergirte de lleno en el vocabulario específico del K-pop, pero para empezar necesitas familiarizarte con el vocabulario coreano del día a día. Ya sea para saludar a alguien, contar o expresar emociones básicas, no podrás avanzar sin conocer estas palabras y frases fundamentales.

Como fan del K-pop, es posible que te encuentres en situaciones en las que tengas que interactuar con hablantes nativos de coreano: en conciertos, reuniones de fans o incluso de viaje por Corea del Sur. Tener un sólido dominio del vocabulario cotidiano no solo mejorará tus experiencias, sino que también demostrará tu respeto por el idioma y la cultura.

Aquí exploraremos el vocabulario coreano diario, incluyendo pronombres, palabras para referirse a personas, lugares y comidas, así como números y expresiones de tiempo.

대명사 (DAE-MYEONG-SA) - PRONOMBRES

Pronombres personales. En coreano, los pronombres no se utilizan con tanta frecuencia como en otros idiomas como el Inglés, y a menudo se omiten en conversaciones informales cuando el contexto es claro. Estos son algunos pronombres de sujeto comunes junto con su hangul y romanización:

Pronombres de sujeto

		Informal/Casual	Formal/Humble
First Person Singular	I	나 (na)	저 (jeo)
First Person Plural	we	우리 (uri)	저희 (jeo-hui)
Second Person Singular	you	너 (neo)	당신 (dangsin)*
Second Person Plural	you	너희 (neo-hui)	---*
Third Person Singular	he/she	그 (geu)/그녀 (geu-nyeo)**	
Third Person Plural	they	그들 (geu-deul)***	

La segunda persona cortés del singular, 당신, casi nunca se utiliza en conversaciones. Cuando se hace, a veces puede tener un tono irónico, donde la cortesía superficial esconde desprecio o burla. En cambio, los hablantes coreanos suelen dirigirse a los demás por sus nombres o cargos, seguidos del sufijo honorífico 님 (nim). Para la segunda persona cortés del plural, se suele utilizar 여러분 (yeoreobun), que significa «todos».

** 그, 그녀 y 그들 *son palabras literarias y prácticamente nunca se utilizan en las conversaciones. En la mayoría de los casos, el sujeto está implícito. Si es necesaria una aclaración, los hablantes coreanos se referirán a una persona por su nombre o dirán* 그 분, *que significa «esa persona» (por educación).*

***Básicamente, 그들 es 그 (geu) emparejado con el pluralizador multiuso 들 (deul). Más adelante, estudiaremos este concepto.*

Las formas posesivas (por ejemplo, mío, tuyo, suyo) y las formas de objeto (por ejemplo, yo, nosotros, él) se forman simplemente añadiendo la partícula posesiva 의 (ui) y la partícula de objeto 을/를 (eul/reul), respectivamente, a estos pronombres de sujeto. Las repasaremos con más detalle en la sección sobre partículas más adelante, por ahora no te preocupes. Ya verás que es muy sencillo.

Pronombres demostrativos: esto, aquello, aquí y allí. En coreano, hay dos palabras para «eso» y dos palabras para «ahí/allí», dependiendo de lo lejos o cerca que esté la persona, el objeto o el lugar en relación con el hablante y el oyente. (Las reglas son las mismas tanto si las palabras se utilizan como pronombres o adjetivos).

Es mucho más fácil demostrar este concepto visualmente, así que veamos algunos ejemplos:

이것 (igeot) - Esto/esta (cosa)

이것 se refiere a algo que está cerca del hablante... o bien del hablante y el oyente.

그것 (geugeot) - Eso/esa (cosa)

그것 se refiere a algo que está más cerca del oyente que del hablante, o a algo que están pensando o discutiendo.

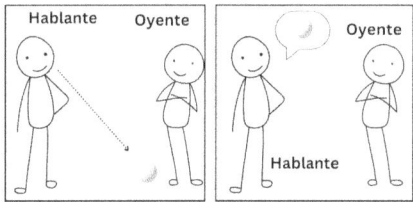

저것 (jeogeot) - Esa (cosa) de allí

저것 se refiere a algo alejado tanto del hablante como del oyente.

여기 (yeogi) - Aquí

여기 se refiere a la ubicación en la que se encuentra actualmente el hablante.

거기 (geogi) - Ahí/allí

거기 se refiere a un lugar más cercano al oyente que al hablante, o a un lugar del que están hablando.

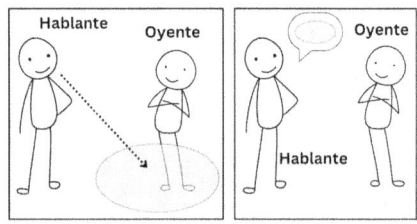

저기 (jeogi) - Por ahí/allá

저기 se refiere a un lugar que no está ni cerca del hablante ni del oyente.

«Eso» y «Ellos»

En coreano, no hay equivalentes exactos a los pronombres «eso» y «ellos». Pero hay formas de expresar significados similares utilizando estructuras gramaticales y expresiones diferentes.

«Eso» en coreano. Al igual que el español, el coreano no tiene un pronombre de tercera persona con referencia a cosas inanimadas (como «it» en inglés). En su lugar utilizan pronombres demostrativos («esto» o «aquello») o simplemente omiten el sujeto cuando se entiende por el contexto. Estas son algunas formas de expresarlo en coreano:

1. Pronombres demostrativos: 이것 (igeot) significa «esto», y 그것 (geu-geot) significa «aquello». Se pueden utilizar para referirse a objetos o conceptos. Es importante notar que el sonido «t» al final de ambas palabras se omite en las conversaciones. En resumen, debería de sonar 이거 y 그거 en lugar de 이것 y 그것.

2. Omisión del sujeto: en muchos casos, el sujeto puede omitirse por completo si el contexto lo deja claro. Por ejemplo, para expresar «hace frío (al tocar algo)», puedes decir simplemente 차가워 (chagawo), que significa «(sujeto omitido) hace frío».

«Ellos» en coreano. El coreano no tiene un pronombre en tercera persona plural como «ellos» en español. En su lugar, se utilizan diferentes estrategias para referirse a un grupo de personas o cosas. Estas son algunas formas de expresar «ellos» en coreano:

1. Utilizando la partícula plural 들 (deul): 들, unida a un sustantivo o pronombre, indica pluralidad. Por ejemplo, 학생들 (haksaeng-deul) significa «estudiantes», y 그분들 (geubun-deul) significa «varios de esos individuos» (es decir, «ellos» o «ellas» al referirse a las personas educadamente).

2. Utilizando la palabra 사람들 (saram-deul): esta palabra significa «gente» y puede referirse a una multitud o a un grupo indefinido de individuos. Por ejemplo, 사람들이 말했어요 (saram-deul-i mal-hae-sseo-yo) significa «la gente dijo» o «ellos dijeron».

3. Omisión del sujeto: similar a la expresión «eso», el sujeto puede omitirse si el contexto lo deja claro. Por ejemplo, en lugar de decir «están cantando», puedes decir 노래하고 있어요 (no-rae-ha-go i-sseo-yo), que significa «(sujeto omitido) están cantando».

Hay muchas formas de expresar «eso» (para hacer referencia a objetos inanimados) y «ellos» en coreano, según el contexto y la intención del hablante. A menudo puede omitirse el sujeto, ya que los hablantes coreanos recurren a otras estructuras gramaticales y expresiones para expresar el significado deseado. (Recuerda que el coreano es un idioma de «mucho contexto»).

Ahora sí, ¿estás preparado para algunas palabras básicas?

사람들 (SARAM-DEUL) - PERSONAS

Aquí tienes una lista de términos relacionados con las personas, junto con sus significados y romanización:

사람 (saram) - Personas:

- 남자 (namja) - hombre
- 여자 (yeoja) - mujer
- 남자아이 (namja-ai) or 소년 (sonyeon) - chico
- 여자아이 (yeoja-ai) or 소녀 (sonyeo) - chica
- 어른 (eoreun) - adulto
- 아이 (ai) - niño
- 아기 (agi) o 애기 (aegi) - bebé
- 친구 (chingu) - amigo

가족 (gajok) - Familia:

- 어머니 (eomeoni) - madre
- 엄마 (eomma) - mamá
- 아버지 (abeoji) - padre
- 아빠 (appa) - papá
- 언니 (eonni) - hermana mayor, o cualquier mujer incluso un poco mayor (utilizado por mujeres)
- 오빠 (oppa) - hermano mayor, o cualquier hombre incluso un poco mayor (usado por mujeres)
- 누나 (nuna) - hermana mayor, o cualquier mujer incluso un poco mayor (usado por hombres)
- 형 (hyung) - hermano mayor, o cualquier varón incluso un poco mayor (usado por hombres)
- 동생 (dongsaeng) - hermano menor
- 여동생 (yeodongsaeng) - hermana menor
- 남동생 (namdongsaeng) - hermano menor
- 맏이 (maji*) - hijo mayor. Lo normal sería pronunciarlo como «madi», pero se trata de una excepción en la que la consonante final ㄷ se convierte en ㅈ.
- 장남 (jangnam) - hijo mayor
- 장녀 (jangnyeo) - hija mayor
- 막내 (mang-nae*) - el más joven; ejemplo de asimilación consonántica (ㄱ → ㅇ)

- 할머니 (**halmeoni**) - abuela
- 할아버지 (**harabeoji**) - abuelo
- 이모 (**imo**) - tía materna
- 고모 (**gomo**) - tía paterna
- 삼촌 (**samchon**) - tío (materno o paterno)
- 사촌 (**sachon**) - primo
- 조카 (**joka**) - sobrino/sobrina
- 남편 (**nampyeon**) - esposo
- 아내 (**anae**) - esposa
- 아들 (**adeul**) - hijo
- 딸 (**ttal**) - hija
- 손자 (**sonja**) - nieto
- 손녀 (**sonnyeo**) - nieta

직업 (jigeop) - Profesión / ocupación:

- 교수 (**gyosu**) - profesor
- 선생님 (**seonsaengnim**) - maestra
- 학생 (**haksaeng**) - estudiante
- 사장 (**sajang**) - presidente de la empresa
- 상사 (**sangsa**) - jefe / supervisor
- 회사원 (**hoesa-won**) – empleado de empresa
- 직장 동료 (**jikjang dongnyo**) - compañero de trabajo
- 부하 직원 (**buha jigwon**) - subordinado
- 리더 (**rideo**) or 지도자 (**jidoja**) – dirigente
- 의사 (**uisa**) – doctor
- 간호사 (**ganhosa**) - enfermera
- 변호사 (**byeonhosa**) - abogado
- 엔지니어 (**enjinieo**) - ingeniero

호칭 (HOCHING) - HONORÍFICOS

Existen términos en coreano que son similares a Sr., Sra. y Srta. en español. A menudo se utilizan en situaciones formales o cuando te diriges a alguien con respeto. Estos son algunos ejemplos comunes:

1. 씨 (ssi) - Es un sufijo honorífico general similar a Sr., Sra. o Srta. que se utiliza *después del* nombre de una persona. Puede utilizarse tanto para hombres como para mujeres, independientemente de su estado civil. Por ejemplo:

- 김철수 **씨** (Kim Cheolsu-**ssi**) - Sr. Cheolsu Kim

- 박영희 **씨** (Park Yeonghui-**ssi**) - Sra. Yeonghui Park

Los ídolos la utilizan constantemente cuando hablan formalmente, o a veces cuando se bromean entre ellos.

2. 님 (nim) - Es un sufijo honorífico más respetuoso que se utiliza después del nombre o título de una persona. Se suele utilizar para personas de estatus superior, como maestros, profesores o clientes. Por ejemplo:

- 교수**님** (gyosu-**nim**) - Profesor

- 선생**님** (seon-saeng-**nim**) - Maestro

- 고객**님** (gogaeng-**nim**) - Cliente; ejemplo de asimilación consonántica (ㄱ → ㅇ)

3. 여사 (yeosa) - Este término se utiliza para dirigirse a una mujer casada, similar a «señora» en español. Suele reservarse para mujeres mayores con hijos mayores y probablemente también nietos. Por ejemplo:

- 김영희 **여사** (Kim Yeonghui **yeosa**) - Sra. Kim Yeonghui

4. 아주머니 (ajumeoni) - Este término se utiliza para dirigirse a una mujer de mediana edad o mayor, a menudo de forma amistosa o informal, similar a «señora». Puede utilizarse tanto para mujeres casadas como solteras. Por ejemplo:

- **최 아주머니** (Choi **ajumeoni**) - Sra./Sra. Choi

5. 아저씨 (ajeossi) - Este término se utiliza para dirigirse a un hombre de mediana edad o mayor, a menudo de forma amistosa o informal. Por ejemplo:

- 이민수 **아저씨** (Lee Minsu **ajeossi**) - Sr. Lee Minsu

Nota cultural sobre la jerarquía

En el idioma y la cultura coreanos, la jerarquía desempeña un papel fundamental en la definición de las interacciones sociales, las relaciones y la comunicación. La edad, el estatus social y la profesión son factores que determinan el lugar que cada persona ocupa en la jerarquía, y esto se refleja en el lenguaje utilizado para dirigirse a los demás.

Los coreanos utilizan diferentes títulos, como 형 (hyung), 오빠 (oppa), 언니 (eonni), 누나 (nuna), 선배 (seonbae) y 후배 (hubae), para mostrar respeto y reconocer la relación jerárquica entre el hablante y la persona a quien se dirige. Estos títulos se utilizan además o *en lugar* del nombre de la persona, dependiendo del contexto y del nivel de familiaridad entre los hablantes.

Si te encanta el K-pop o los K-dramas, con el tiempo empezarás a darte cuenta de que la gente se dirige a los demás con estos títulos en lugar de sus nombres con bastante frecuencia.

Las cuatro primeras palabras anteriores se mencionan en la lista de miembros de la familia que mencionamos anteriormente, pero los siguientes términos no tienen equivalentes exactos en español:

- 선배 (seonbae): este término se utiliza para referirse a alguien que es más veterano o que tiene más experiencia en un determinado grupo u organización, principalmente en la escuela o el trabajo.
- 후배 (hubae): este término se refiere a alguien que es más novato o que tiene menos experiencia en un grupo u organización concretos.

La relación entre 선배 y 후배 se caracteriza por el respeto mutuo, y el 선배 ofrece orientación, apoyo y mentoría a su 후배.

Es importante observar que la edad no es el único factor que determina las relaciones «선배-후배». Por ejemplo, en un entorno universitario, se considera 선배 a un alumno que entró antes que los que entraron después, independientemente de su edad.

En entornos profesionales, 선배 y 후배 se utilizan para referirse a los compañeros que llevan más o menos tiempo en la empresa u organización, respectivamente. A menudo oirás a miembros de grupos de K-pop referirse o dirigirse a miembros de otros grupos de la misma empresa con estos términos.

Por ejemplo, un miembro de TXT se dirigiría a un miembro de BTS como 선배, ya que ambos grupos pertenecen a la misma empresa, pero BTS lleva mucho más tiempo que TXT.

Otro ejemplo son las integrantes de BLACK PINK. Ellas consideran a IVE su 후배. Aunque los dos grupos pertenezcan a empresas diferentes, en el ámbito de toda la industria, los recién llegados se refieren a cualquier persona con una carrera más larga como 선배.

En Corea, siempre debes tener en cuenta qué lugar ocupas en el orden jerárquico, ya que la jerarquía no solo afecta a los pronombres y títulos, sino también a la conjugación de verbos y adjetivos, como veremos más adelante.

신체 부위 (SINCHE BUWI) - PARTES DEL CUERPO

Ahora, echemos un vistazo a los nombres de las distintas partes del cuerpo:

Hangul	Romanización	Español	Hangul	Romanización	Español
머리	meori	Cabeza	손목	sonmok	Muñeca
얼굴	eolgul	Cara	손	son	Mano
눈	nun	Ojos	손가락	son-ga-rak	Dedo
눈썹	nun-sseop	Cejas	손톱	sontop	Uñas
속눈썹	sok-nun-sseop	Pestañas	가슴	gaseum	Pecho/busto
코	ko	Nariz	배	bae	Estómago/barriga
입	ip	Boca	등	deung	Espalda
입술	ipsul	Labios	허리	heori	Cintura
귀	gwi	Oído	엉덩이	eong-deong-i	Glúteos
이 (치아)	i (chia)	Dientes	다리	dari	Pierna
혀	hyeo	Lengua	무릎	mureup	Rodilla
목	mok	Cuello	발	bal	Pie
어깨	eokkae	Hombro	발목	balmok	Tobillo
팔	pal	Brazo	발가락	balgarak	Dedo del pie
겨드랑이	gyeodeu-rang-i	Axila	발톱	baltop	Uñas de los pies
팔꿈치	pal-kkum-chi	Codo	피부	pibu	Piel
머리카락	meori-karak	Cabello (en la cabeza)	뼈	ppyeo	Hueso
털	teol	Pelo (del cuerpo o de animales)	심장	simjang	Corazón

A continuación, encontrarás una lista de topónimos comunes en coreano:

장소 [JANGSO] - LUGARES

Hangul	Romanización	Traducción	Hangul	Romanización	Traducción
한국	han-guk	Corea	극장	geuk-jang	teatro
서울	seoul	Seúl	체육관	che-yuk-kwan	gimnasio
미국	mi-guk	América	수영장	su-yeong-jang	piscina
뉴욕	nyuyok	Nueva York	공항	gonghang	aeropuerto
유럽	yureop	Europa	기차역	gi-cha-yeok	estación de tren
일본	ilbon	Japón	버스 정류장	beoseu jeongnyujang	parada de autobús
도쿄	dokyo	Tokio	지하철역	ji-ha-cheol-yeok	estación de metro
중국	jung-guk	China	주유소	ju-yu-so	gasolinera
홍콩	hongkong	Hong Kong	주차장	ju-cha-jang	estacionamiento
국가	gukga	país	도시	do-si	ciudad
해외	hae-oe	en el extranjero	시내	sinae	centro de la ciudad
국내	gungnae	nacional	번화가	beon-hwa-ga	calle comercial
집	jip	casa	교외	gyo-oe	suburbios
학교	hakgyo	escuela	시골	sigol	campo
회사	hoesa	empresa/oficina	산	san	montaña
사무실	sa-mu-sil	oficina	바다	bada	mar/océano
가게	ga-ge	tienda/comercio	강	gang	río
슈퍼마켓	syu-peo-ma-ket	supermercado	호수	hosu	lago
백화점	baek-hwa-jeom	grandes almacenes	섬	seom	isla
시장	sijang	mercado	해변	haebyeon	playa
맛집	matjip	restaurante	교회	gyohoe	iglesia
카페	ka-pe	cafetería	절	jeol	templo
병원	byeong-won	hospital	연습실	yeon-seub-sil	estudio de danza
약국	yak-guk	farmacia	녹음실	nok-eum-sil	estudio de grabación
은행	eunhaeng	banco	무대	mudae	escenario
우체국	u-che-guk	oficina de correos	콘서트홀	kon-seo-teau hol	sala de conciertos
도서관	do-seo-gwan	biblioteca	경기장	gyeong-gi-jang	estadio
박물관	bak-mul-gwan	museo	돔	dom	cúpula
공원	gong-won	parque	야외 무대	ya-oe mudae	escenario al aire libre
동물원	dong-mul-won	zoo	아레나	a-re-na	arena
영화관	yeong-hwa-gwan	cine	강당	gangdang	auditorio

음식점 (EUMSIKJEOM) - RESTAURANTES

Si aún no te has dado cuenta, la comida es un aspecto muy importante en la cultura coreana, al menos entre nuestros ídolos del K-pop. Siempre que están juntos fuera del escenario, suelen conversar sobre los tipos de fideos y sopas que quieren comer en ese momento.

Corea tiene una gran variedad de restaurantes y cafeterías, cada uno de los cuales ofrece una experiencia gastronómica única. Estos son algunos de los tipos más comunes que puedes encontrar en Corea:

- 한정식집 (**han-jeong-sik-jip**) sirve platos coreanos tradicionales (y a menudo más elaborados) como bulgogi, doenjang-jjigae (guiso de pasta de soja) y docenas de banchan (guarniciones).
- 고깃집 (**go-git-jip**) se especializa en carnes a la parrilla, como samgyeopsal (panceta de cerdo) y galbi (costillas de ternera), que los propios comensales cocinan en la mesa.
- 백반집 (**baek-ban-jip**) sirve comidas preparadas que suelen incluir arroz, sopa y varios banchan (guarniciones).
- 분식집 (**bun-sik-jip**) es un restaurante informal que ofrece aperitivos rápidos y asequibles y comidas ligeras como tteokbokki (pasteles de arroz picantes), odeng (pasteles de pescado) y kimbap (rollos de arroz coreanos).
- 일식집 (**il-sik-jip**) sirve platos típicos japoneses como sushi, tempura y fideos udon.
- 중국집 (**jung-guk-jip**) sirve platos de inspiración china adaptados al estilo coreano, como jajangmyeon (fideos con judías negras) y tangsuyuk (cerdo agridulce).
- 국수집 (**guk-su-jip**) sirve fideos.
- 전집 (**jeon-jip**) se especializa en tortitas saladas coreanas.
- 치킨집 (**chi-kin-jip**) sirve pollo frito.
- 피자집 (**pi-ja-jip**) sirve pizza.
- 햄버거집 (**haem-beo-geo-jip**) sirve hamburguesas.
- 라멘집 (**ra-myeon-jip**) se especializa en ramen tradicional japonés.
- 카페 (**ka-pe**) o 커피숍 (**keo-pi-shop**) ofrece café, té, postres y repostería.
- 베이커리 (**bei-keo-ri**) o 빵집 (**ppang-jip**) ofrece varios tipos de productos horneados.
- 바 (**ba**) o 술집 (**sul-jip**) sirve bebidas alcohólicas y aperitivos ligeros, a veces incluso platos principales.

- 포장마차 (**po-jang-ma-cha**) es un puesto de comida callejera o quiosco donde puedes disfrutar de un bocadillo o una comida y, a veces, alcohol.

집 *(Jip)* y 맛집 *(mat-jip)*

집 (jip) literalmente significa «casa». Cuando se utiliza para referirse a un restaurante, 집 va después del tipo de plato en el que están especializados. Por ejemplo:

- 고기**집** (gogi-**jip**) - Restaurante de barbacoa coreana
- 설렁탕**집** (seolleongtang-**jip**) - Restaurante de sopa de hueso de buey
- 칼국수**집** (kalguksu-**jip**) - Restaurante de fideos cortados a cuchillo

맛집 (mat-jip) también se utiliza habitualmente para referirse a los restaurantes, sobre todo a los buenos. La palabra es una combinación de 맛, que significa «gusto, sabor», y 집. Los coreanos suelen compartir su 맛집 favorito, especificando el tipo de plato o cocina por el que es conocido el lugar, por ejemplo, 불고기 **맛집** (bulgogi **matjip**), 파스타 **맛집** (paseuta **matjip**). A muchos coreanos les encanta pasar tiempo buscando 맛집. Las redes sociales están llenas de contenido especializado en esta actividad en tendencia.

음식 (EUMSIK) - COMIDA

Al igual que en el resto del mundo, los coreanos suelen hacer tres comidas o 식사 (siksa) al día: 아침 식사 (a-chim siksa), 점심 식사 (jeom-sim siksa), y 저녁 식사 (jeo-nyeok siksa) —desayuno, comida, cena, respectivamente— y a veces aperitivos o 간식 (gansik).

Esta es una lista de las principales categorías de comida en Corea y una muestra de sus platos típicos. 요리 (yori) significa «cocina» o «plato». (Consulta el Apéndice para obtener una lista más extensa de platos típicos y populares).

밥 (bap) - Arroz

Ej: 비빔밥 (bibimbap), 김밥 (gimbap)

죽 (juk) - Gachas

Ej: 전복죽 (jeonbok juk) - Gachas con abalón

면 (myeon) - Fideos

Ej: 칼국수 (kalguksu) - Sopa de fideos cortados a cuchillo

찌개 (jjigae), 국 (guk), 탕 (tang) - Estofado, Sopa, Guiso con caldo extra rico (servido en olla caliente o cuenco de piedra)

Ej: 순두부찌개 (sundubu jjigae) - Estofado suave de tofu, 감자탕 (gamja tang) - Estofado picante de lomo de cerdo

고기 요리 (gogi yori) - Platos de carne

Ej: 불고기 (bulgogi) - Carne a la parrilla marinada, 갈비 (galbi) - Costillas de ternera a la parrilla

해산물 요리 (haesanmul yori) - Platos de marisco

Ej: 해물찜 (haemul jjim) - Marisco al vapor, 생선구이 (saengseon gui) - Pescado a la plancha

안주 (anju) - Guarnición (se consume con alcoholes, como aperitivos de bar)

Ej: 만두 (mandu) - Dumplings, 파전 (pajeon) - Tortita salada coreana

반찬 (banchan) - Guarniciones

Ej: 김치 (kimchi) - Col fermentada picante, 나물 (namul) - Verduras sazonadas

장 (jang) - Salsa fermentada

Ej: 고추장 (gochujang) - Pasta fermentada de pimiento rojo

길거리 음식 (gilgeori eumsik) - Comida callejera

Ej: 핫도그 (hat-do-geu) - *corndog* al estilo coreano, 붕어빵 (bung-eo-bbang) - pasta con forma de pescado rellena de pasta dulce de judías rojas (un alimento básico en invierno)

디저트 (dijeoteu) - Postre

Ej: 빙수 (bingsu) - hielo raspado a base de leche con varios tipos de ingredientes, como judías rojas, fruta picada y pastel de arroz.

¿Ropa? Te enseñaremos a vestirte en coreano...

옷 (OT) - ROPA

Hangul (reading)	Español	Hangul (reading)	Español
바지 (baji)	Pantalones	넥타이 (nektai)	Corbata
셔츠 (syeocheu)	Camisa	운동화 (undonghwa)	Zapatillas deportivas
티셔츠 (tisyeocheu)	Camiseta	구두 (gudu)	Zapatos de vestir
치마 (chima)	Falda	슬리퍼 (seullipeo)	Zapatillas
원피스 (wonpiseu)	Vestido	비옷 (biot)	Capa impermeable
재킷 (jaekit)	Chaqueta	수영복 (suyeongbok)	Traje de baño
코트 (koteu)	Abrigo	잠옷 (jamot)	Pijama
스웨터 (seuweteo)	Suéter	속옷 (sogot)	Ropa interior
모자 (moja)	Sombrero	벨트 (belteu)	Cinturón
신발 (sinbal)	Zapatos	장갑 (janggap)	Guantes
양말 (yangmal)	Calcetines	스카프 (seukapeu)	Bufanda
청바지 (cheongbaji)	Jeans	귀걸이 (gwigeori)	Aretes/pendientes
반바지 (banbaji)	Pantalones cortos	팔찌 (paljji)	Pulsera
블라우스 (beullauseu)	Blusa	목걸이 (mokgeori)	Collar
정장 (jeongjang)	Traje	반지 (banji)	Anillo (en el dedo)

날씨 (NALSSI) - TIEMPO

Esta es una lista de todas las palabras relacionadas con el tiempo:

Hangul	Traducción	Hangul	Traducción
날씨 (nalssi)	condiciones metereológicas	결빙 (gyeolbing)	congelado
일기 예보 (ilgi yebo)	predicción meteorológica	혹한 (hokhan)	frío intenso
맑음 (malgeum)	despejado/sol	춥다 (chupda)	tener frío
흐림 (heurim)	nublado	쌀쌀하다 (ssalssalhada)	tener un poco de frío
비 (bi)	lluvia	따뜻하다 (ttatteuthada)	estar cálido
눈 (nun)	nieve	덥다 (deopda)	estar caliente
우박 (ubak)	granizo	폭염 (pogyeom)	calor intenso
바람 (baram)	viento	습도 (seupdo)	humedad
태풍 (taepung)	tifón	기온 (gion)	temperatura
번개 (beongae)	relámpago	영하 (yeongha)	bajo cero (Celsius)
천둥 (cheondung)	trueno	영상 (yeongsang)	superior a cero (Celsius)
폭풍 (pokpung)	tormenta	계절 (gyejeol)	estación
소나기 (sonagi)	chubasco	봄 (bom)	primavera
장마 (jangma)	estación lluviosa	여름 (yeoreum)	verano
가뭄 (gamun)	sequía	가을 (gaeul)	otoño/otoño
서리 (seori)	helada	겨울 (gyeoul)	invierno

숫자 (SUTJA) - NÚMEROS

En coreano se utilizan dos sistemas numéricos paralelamente: los números nativos coreanos y los números sino-coreanos. Los números nativos coreanos se utilizan para números relativamente pequeños. Se usan para contar hasta 99 (a menudo mucho menos), la edad y las horas. Los números sino-coreanos —derivados del chino— se utilizan para fechas, dinero, una secuencia aleatoria (por ejemplo, códigos de acceso, números de teléfono, direcciones) y matemáticas, que a menudo implican números grandes y abstractos.

Entender cuándo utilizar cada sistema es fundamental para evitar confusiones. Esta sección te guiará a través de los conceptos básicos de ambos sistemas, y te ayudará a dominar sus usos en situaciones cotidianas.

고유어 수 (goyueo su) - Números nativos coreanos

Existen números nativos coreanos para los números del 1 al 99. Son:

1	하나	hana	10	열	yeol
2	둘	dul	20	스물	seumul
3	셋	set	30	서른	seoreun
4	넷	net	40	마흔	maheun
5	다섯	daseot	50	쉰	swin
6	여섯	yeoseot	60	예순	yesun
7	일곱	ilgop	70	일흔	ilheun
8	여덟	yeodeol	80	여든	yeodeun
9	아홉	ahop	90	아흔	aheun

Tradicionalmente, el cero no existe en los números nativos coreanos, ya que se consideraba que no era posible contar algo que no existía.

Para formar números de dos cifras, basta con unir los números de la siguiente manera:

- 11 = 열 (yeol) + 하나 (hana) → 열하나 (yeol-hana)
- 45 = 마흔 (maheun) + 다섯 (daseot) → 마흔다섯 (maheun-daseot)

- 99 = 아흔 (aheun) + 아홉 (ahop) → 아흔아홉 (aheun-ahop)

Los números nativos coreanos se utilizan en las siguientes situaciones:

1. contar cantidades pequeñas (hasta 99)
2. edad
3. horas (los minutos y segundos están en sino-coreano)

Estos son algunos ejemplos para explicar cómo se usa:

- Edad. 원영은 **열아홉** 살이에요. (Wonyoung-eun **yeolahop** sal-ieyo.) - Wonyoung tiene 19 años.
- Hora. **여섯** 시예요. (**Yeoseot** siyeyo.) - Son las 6 en punto.

한자어 수 (hanjaeo su) - Número sino-coreanos

Estos son los números sino-coreanos:

0	영	yeong	10	십	sip
1	일	il	20	이십	isip
2	이	i	30	삼십	samsip
3	삼	sam	40	사십	sasip
4	사	sa	50	오십	osip
5	오	o	60	육십	yuksip
6	육	yuk	70	칠십	chilsip
7	칠	chil	80	팔십	palsip
8	팔	pal	90	구십	gusip
9	구	gu	100	백	baek

Es muy fácil formar los números sino-coreanos del 11 al 99. Una vez que te aprendas los números del 1 al 10, simplemente los combinas, tal como haces en español:

- 11 = 십 (sip) + 일 (il) → 십일 (sip-il)
- 45 = 사십 (sasip) + 오 (o) → 사십오 (sasip-o)
- 99 = 구십 (gusip) + 구 (gu) → 구십구 (gusip-gu)

Los números grandes se dicen de la siguiente manera:

1,000	천	cheon	mil
10,000	만	man	diez mil (ten en cuenta que es un sustantivo propio)
100,000	십만	sipman	cien mil
1,000,000	백만	baekman	millones
10,000,000	천만	cheonman	diez millones
100,000,000	억	eok	mil millones (también es un sustantivo propio)

Los números sino-coreanos se utilizan en los siguientes casos:

1. para contar grandes cantidades (a partir de 100)
2. minutos y segundos
3. fechas (es decir, año, mes, día)
4. dinero
5. medidas (por ejemplo, peso, longitud, superficie)
6. direcciones, incluidos los números de piso
7. números de teléfono, códigos de acceso y otros códigos numéricos
8. expresiones matemáticas, incluidos porcentajes y fracciones
9. puntuaciones y calificaciones

Ejemplos:

- Hora: **삼십**분 후에 회의 시작해요. (**Samsip**bun hu-e hoeui sijakhaeyo.) - La reunión comienza en 30 minutos.
- Fecha: 오늘은 사월 **십오**일이에요. (Oneureun sawol **sibo**irieyo.) - Hoy es 15 de abril.
- Dinero: 이 가방은 이십만 원이에요. (I gabangeun **isimman** wonieyo.) - Este bolso cuesta 200.000 won.

날짜 (NALJJA) & 시간 (SIGAN) - FECHAS Y TIEMPO

Fechas:

En coreano, las fechas se expresan con números sino-coreanos. El orden correcto es año, mes y día. Esta es la fórmula AAAA년 MM월 DD일 (AAAA-nyeon MM-wol DD-il)

- AAAA: Año en números sino-coreanos
- 년 (nyeon): Año
- MM: Mes en números sino-coreanos
- 월 (wol): Mes
- DD: Día en números sino-coreanos
- 일 (il): Día
- 요일 (yo-il): Día de la semana

Los meses en coreano son bastante sencillos. Todo lo que tienes que hacer es añadir 월 (wol), que significa mes, a los números del 1 al 12:

일월	il-wol	Enero (Mes 1)
이월	i-wol	Febrero (Mes 2)
삼월	sam-wol	Marzo (Mes 3)
사월	sa-wol	Abril (Mes 4)
오월	o-wol	Mayo (Mes 5)
유월*	yu-wol	Junio (Mes 6)
칠월	chil-wol	Julio (Mes 7)
팔월	pal-wol	Agosto (Mes 8)
구월	gu-wol	Septiembre (Mes 9)
시월*	si-wol	Octubre (Mes 10)
십일월	sip-il-wol	Noviembre (Mes 11)
십이월	sip-i-wol	Diciembre (Mes 12)

Ten en cuenta que para junio y octubre se omiten las últimas consonantes de los números, de modo que 육 (yuk) se convierte en 유 (yu), y 십 (sip) en 시 (si). Esta modificación se hace para evitar una pronunciación difícil.

Ejemplos:

- 2025년 4월 15일 o 이천이십오년 사월 십오일 (icheon isibo-**nyeon** sa-**wol** sibo-il) - 15 de abril de 2025

Corea del Sur utiliza el calendario gregoriano, por lo que los meses y los días corresponden al calendario occidental. Sin embargo, para las fiestas importantes, como el Chuseok (Día de Acción de Gracias coreano) y el Seollal (Año Nuevo coreano) utilizan el calendario lunar.

Ahora que estamos hablando de fechas, hablemos de los días de la semana, que terminan en 요일 (yo-il):

Español	Hangul	Roman.	Traducción literal
Domingo	일요일	il-yo-il	Día del sol
Lunes	월요일	wol-yo-il	Día de la luna
Martes	화요일	hwa-yo-il	Día del fuego
Miércoles	수요일	su-yo-il	Día del agua
Jueves	목요일	mok-yo-il	Día del árbol
Viernes	금요일	geum-yo-il	Día del metal/oro
Sábado	토요일	to-yo-il	Día de la tierra

A diferencia del español, en coreano el día de la semana va al final. Por ejemplo:

- Sábado, 16 de mayo de 2009 = 2009년 5월 16일 토요일 (i-cheon-gu-nyeon o-wol sip-yuk-il **to-yo-il**)

Tiempo

Precisamente cuando creías que ya tenías el idioma dominado, ha llegado el momento de cubrir el tiempo en coreano... Repasemos primero el vocabulario:

- 시간 (**sigan**) : tiempo o x número de horas
- 시 (**si**): en punto; hora
- 분 (**bun**): minuto
- 초 (**cho**): segundo
- 오전 (**ojeon**): A.M. (aparece antes de la hora y el minuto)
- 오후 (**ohu**): P.M. (aparece antes de la hora y el minuto)

- 정오 **(jeong-o)**: mediodía
- 자정 **(jajeong)**: medianoche

El esfuerzo que has dedicado para aprender dos sistemas numéricos ahora te resultará útil, ya que necesitas ambos para expresar el tiempo: el nativo coreano para las horas y el sino-coreano para los minutos y segundos.

Estas son las horas utilizando los números coreanos nativos:

1 en punto	한 시	han si
2 en punto	두 시	du si
3 en punto	세 시	se si
4 en punto	네 시	ne si
5 en punto	다섯 시	daseot si
6 en punto	여섯 시	yeoseot si
7 en punto	일곱 시	ilgop si
8 en punto	여덟 시	yeodeol si
9 en punto	아홉 시	ahop si
10 en punto	열 시	yeol si
11 en punto	열한 시	yeol-han si
12 en punto	열두 시	yeol-du si

(Ten en cuenta que, en los números del uno al cuatro, se omite el sonido final).

El orden correcto de las palabras es AM/PM, hora, minuto y segundos (si necesitas ser muy específico). Por ejemplo:

- 오후 다섯 시 이십사 분 (ohu daseot si isipsa bun) - 5:24 P.M.

단위 명사 (DANWI MYEONGSA) - CONTADORES

En coreano, el concepto de contador es fundamental para contar objetos, personas, animales y otras cosas. En español, puedes decir simplemente «tres libros» o «cinco personas», pero en coreano tienes que utilizar una palabra contadora específica para cada tipo de objeto. Es como decir «un par de zapatos» o «un vaso de agua» en español, pero mucho más complejo.

Contar con contadores. La estructura general para contar con contadores es la siguiente: **sustantivo** (singular) + **número** + **contador**

Por ejemplo:

- 아이돌 두 **명** (aidol du **myeong**) - dos ídolos
- 마이크 세 **개** (maikeu se **gae**) - tres micrófonos
- 고양이 한 **마리** (goyangi han **mari**) - un gato

Contadores comunes en coreano

Contador		Se usa para:	Ejemplo
개	gae	cosas	야광봉 한 개 (yagwangbong han gae) - un palo de luz
명	myeong	personas	학생 두 명 (haksaeng du myeong) - dos estudiantes
사람	saram	personas (mucho menos frecuente)	저희 세 사람 (jeohui se saram) - nosotros tres
마리	mari	animales	고양이 한 마리 (goyangi han mari) - un gato
권	gwon	libros, revistas o volúmenes	책 네 권 (chaek ne gwon) - cuatro libros
장	jang	objetos planos similares a hojas (billetes, toallas)	종이 다섯 장 (jongi daseot jang) - cinco hojas de papel
대	dae	vehículos y maquinaria	자동차 두 대 (jadongcha du dae) - dos automóviles
병	byeong	botellas	물 세 병 (mul se byeong) - tres botellas de agua
잔	jan	tazas, vasos o jarras	커피 한 잔 (keopi han jan) - una taza de café
벌	beol	ropa	옷 두 벌 (ot du beol) - dos prendas de ropa
송이	songi	flores o racimos de fruta	꽃 세 송이 (kkot se songi) - tres flores
가지	gaji	tipos o clases	세 가지 (se gaji) - tres clases/tipos
번	beon	ocurrencias o números ordinales	두 번 (du beon) - Dos veces; 십 번 (sip beon) - Número 10
절	jeol	versos de una canción	일절 (Iljeol),이절 (Ijeol)... - Verso 1, Verso 2...
그루	geuru	árboles y plantas	나무 다섯 그루 (namu daseot geuru) - Cinco árboles
켤레	kyeolle	pares (zapatos, guantes, calcetines)	양말 한 켤레 (yangmal han kyeolle) - Un par de calcetines
벌	beol	conjuntos de ropa y trajes	정장 한 벌 (jeongjang han beol) - Un traje
조각	jogak	trozos de cosas, normalmente comida	피자 세 조각 (pija sae jogak) - Tres porciones de pizza
층	cheung	plantas de un edificio	3층 (sam cheung) - Tercer piso

Al principio, puede que te sea difícil familiarizarte con los contadores. Pero, con la práctica, se convertirá en algo natural. Podrás comprender mejor los matices del idioma coreano.

Ahora que hemos aprendido el vocabulario básico del día a día, estamos listos para sumergirnos de lleno en el apasionante mundo del K-Pop. En el próximo capítulo, exploraremos palabras y conceptos específicos que te permitirán sentirte más cerca de la vibrante cultura K-Pop que tanto te apasiona.

TRES
PALABRAS RELACIONADAS CON EL K-POP
VOCABULARIO DEL FANDOM

EL K-POP ES MUCHO MÁS que un género musical, es una cultura apasionante con un lenguaje propio. Para disfrutar verdaderamente de tus canciones y *performances* favoritos, debes entender el vocabulario utilizado por la industria y la comunidad de fans.

En este capítulo, estudiaremos el fascinante mundo del vocabulario específico del K-pop. Aprenderás los términos de la estructura de las canciones, las coreografías y otros aspectos importantes del arte K-pop. Nos adentraremos en el rico léxico de la cultura del *fandom*, para que puedas relacionarte con confianza con otros entusiastas.

케이팝 업계 관계자 (KE-I-PAP EOP-GYE GWAN-GYE-JA) - PERSONAJES DE LA INDUSTRIA DEL K-POP

- 기획사 **(gi-hoek-sa) - Empresa de entretenimiento.** Entidad empresarial responsable de la formación, gestión y promoción de artistas de K-pop. Proporcionan recursos para la producción musical, el *marketing* y las relaciones públicas. Además, desempeñan un papel fundamental en el desarrollo de la carrera de un ídolo. Ej: SM Entertainment, YG Entertainment y JYP Entertainment.
- 아이돌 **(a-i-dol) - Idol.** Un artista de K-pop que ha debutado. (Todo ídolo se considera empleado de su empresa).

- 솔로 아티스트 (sol-lo a-ti-seu-teu) - *Solo artist* (solista). Artista que se presenta de forma independiente, sin formar parte de un grupo.
- 연습생 (yeon-seup-saeng) - **Aprendiz**. Aspirante a artista que se somete a un intenso entrenamiento de canto, baile y otras habilidades interpretativas en un programa de una empresa de entretenimiento, preparándose para un posible debut como ídolo.
- 선배 (seon-bae) - **Senior**. Senior o mentor en la industria.
- 후배 (hu-bae) - **Junior**. Junior o aprendiz en la industria.
- 프로듀서 (peu-ro-dyu-seo) - **Productor**. Persona que supervisa la producción musical.
- 작곡가 (jak-gok-ga) - **Compositor**
- 안무가 (an-mu-ga) - **Coreógrafo**
- 연예인 (yeon-ye-in) - **Animador**
- 공연자 (gong-yeon-ja) - **Intérprete**
- 음악가 (eum-ag-ga) - **Músico**
- 스타 (seu-ta) - **Estrella**
- 에이스 (e-i-seu) - **As**. Un ídolo que destaca en múltiples áreas y es un artista sobresaliente.
- 올라운더 (ol-la-un-deo) - *All-rounder* (polifacético). Un ídolo que domina varias habilidades, como cantar, bailar y rapear.
- 글로벌 앰배서더 (geul-lo-beol aem-bae-seo-deo) - *Global ambassador* (Embajador global). Un ídolo que representa y promociona una marca de moda internacional.

멤버와 역할 (MEM-BEO-WA YEOK-HAL) - MIEMBROS Y FUNCIONES

- 메인 보컬 (me-in bo-keol) - **Vocalista principal:** el cantante más hábil y destacado del grupo.
- 리드 보컬 (ri-deu bo-keol) - **Vocalista líder:** entre los mejores cantantes del grupo, pero clasificado por debajo del vocalista principal.
- 메인 댄서 (me-in daen-seo) - **Bailarín principal:** el bailarín más hábil y destacado del grupo.
- 리드 댄서 (ri-due daen-seo) - **Bailarín líder:** entre los mejores bailarines del grupo, pero clasificado por debajo del bailarín principal.
- 메인 래퍼 (me-in rae-peo) - **Rapero principal:** el rapero más hábil y destacado del grupo.

- 리드 래퍼 (**ri-deu rae-peo**) - **Rapero líder**: uno de los mejores raperos del grupo, pero clasificado por debajo del rapero principal.
- 비주얼 (**bi-ju-eol**) - *Visual*: el miembro más atractivo físicamente del grupo.
- 막내 (**mak-nae** → **mang-nae**) - **«Maknae»/La más joven**: el miembro más joven del grupo.
- 그룹 리더 (**geu-rup ri-deo**) - **Líder del grupo**: el miembro responsable de guiar y representar al grupo.
- 오빠 (**o-ppa**) - **«Oppa»/Hermano mayor**: término utilizado por artistas femeninas y fans para referirse a los ídolos masculinos mayores.
- 언니 (**eon-ni**) - **«Unnie»/Hermana mayor**: término utilizado por artistas femeninas y fans para referirse a ídolos femeninos mayores.
- 형 (**hyeong**) - **«Hyung»/Hermano mayor**: término utilizado por los artistas masculinos y los fans para referirse a los ídolos masculinos mayores.
- 누나 (**nu-na**) - **«Noona»/Hermana mayor**: término utilizado por los artistas masculinos y los fans para referirse a las ídolos femeninas mayores.
- 형 라인 (**hyeong ra-in**) - **Hyung Line/Línea mayor**: los miembros más veteranos de un grupo de K-pop, que a menudo asumen un papel de mentor o líder para los miembros más jóvenes.
- 막내 라인 (**mang-nae ra-in**) - **Maknae Line/Línea joven**: los miembros más jóvenes de un grupo de K-pop, caracterizados normalmente por su energía y encanto juveniles.
- 서브 유닛 (**seo-beu yu-nit**) - **Subunidad**: grupo más pequeño formado dentro de un grupo de K-pop. Ej: Cada uno de los 13 miembros de SEVENTEEN está asignado a una de sus tres subunidades: vocal, interpretación y hip-hop.
- 오티 (**o-ti**) - **OT**: Significa «One True» e indica apoyo a la formación original de un grupo. Ej: OT8 se refiere a los ocho miembros de un grupo, resaltando el apoyo al grupo completo.

팬덤 용어 (PAENDEOM YONG-EO) - TÉRMINOS DEL FANDOM

- 팬 (**paen**) - **Fan**: persona que apoya y sigue a un artista o grupo de K-pop.

- 스탠 (**seu-taen**) - *Stan*: seguidor especialmente dedicado y entusiasta de un artista o grupo; combinación de «stalker» y «fan».
- 사생팬 (**sa-saeng-paen**) - «*Sasaeng*» : fan demasiado obsesivo que invade la intimidad de los ídolos del K-pop.
- 안티 팬 (**an-ti paen**) - **Anti-fan**: alguien a quien no le gusta nada o critica fuertemente a un artista o grupo de K-pop en particular.
- 바이어스 (**ba-i-eo-seu**) - *Bias*: tu miembro favorito de un grupo de K-pop.
- 바이어스 레커 (**ba-i-eo-seu re-keo**) - *Bias wrecker*: un miembro de un grupo de K-pop que llama inesperadamente tu atención y te hace cuestionar tu lealtad a tu prejuicio original.
- 팬덤 이름 (**paen-deom i-reum**) - **Nombre de fandom**: el apodo único dado a los fans de un grupo o artista de K-pop en particular. Ej: ARMY(s) para BTS; BLINK(s) para BLACKPINK.
- 응원 (**eungwon**) - **Animación, apoyo o ánimo**: cánticos y ánimos de los fans durante el espectáculo.
- 팬챈트 (**paen-chaen-teu**) - **Cántico de los fans**: canto que entonan los fans durante las actuaciones en directo, normalmente con los nombres de los miembros.
- 팬카페 (**paen-ka-pe**) - **Café de fans:** comunidad oficial en línea para fans de un grupo de K-pop.

음악 용어 (EUMAK YONG-EO) - TÉRMINOS MUSICALES

- 음악 (**eumak**) - **Música**
- 노래 (**norae**) - **Canción**
- 사랑 노래 (**sarang norae**) - **Canción de amor**
- 데뷔 (**dae-bwi**) - **Debut:** el primer lanzamiento o actuación oficial de un nuevo artista o grupo de K-pop.
- 컴백 (**keom-baek**) - *Comeback*: el lanzamiento de una nueva canción o un nuevo álbum de un artista o grupo de K-pop.
- 올킬 (**ol-kil**) - *All-kill*: una canción que alcanza simultáneamente el nº 1 en todas las principales listas musicales coreanas.
- 앨범 (**ael-beom**) - **Álbum:** una colección de canciones publicadas juntas.
- 미니 앨범 (**mi-ni ael-beom**) - **Mini álbum:** álbum con menos temas que un álbum de estudio completo, que suele contener entre 4 y 7 canciones.

- 리패키지 앨범 (ri-pae-ki-ji ael-beom) - **Álbum remasterizado:** reedición de un álbum con una nueva presentación, que a menudo incluye temas nuevos.
- 싱글 (sing-geul) - **Single:** canción que se publica individualmente y no como parte de un álbum.
- 믹스 테이프 (mik-seu te-i-peu) - *Mix tape:* recopilación de canciones, que a menudo se publica gratuitamente.
- 솔로 (sol-lo) - **Solo:** lanzamiento individual de un miembro de un grupo de K-pop.
- 오리지널 사운드트랙 (o-ri-ji-neol sa-un-deu-teu-raek) - **BSO:** banda sonora original, con ídolos del K-pop.
- 콜라보 (kol-la-bo) - **Collab:** abreviatura de «colaboración», en la que los artistas trabajan juntos en un proyecto.
- 앵콜 (aeng-kol)- **Bis/encore:** canciones adicionales que se interpretan al final de un concierto.
- 절 (jeol) - **Verso:** parte de una canción que cuenta una historia.
- 후렴 (hu-ryeom) - **Estribillo:** la parte repetitiva y fácil de seguir de una canción que suele contener el mensaje principal.
- 브리지 (beu-ri-ji) - **Puente:** sección de una canción que ofrece un contraste con la estrofa y el estribillo.
- 리듬 (ri-deu-m) - **Ritmo**
- 가사 (ga-sa) - **Letra**
- 멜로디 (mel-lo-di) - **Melodía**

공연 (GONG-YEON) & 콘텐츠 (KON-TEN-CHEU) - PERFORMANCE Y CONTENIDO

- 콘서트 (kon-seo-teu) - **Concierto**
- 시상식 (si-sang-sik) - **Entrega de premios**
- 예능 (ye-neung) - **Espectáculo de variedades**
- 음악 프로그램 (eum-ak peu-ro-geu-raem) - **Espectáculo musical:** presentación en directo por televisión.
- 뮤직 비디오 (myu-jik bi-di-o) - **Vídeo musical**
- 쇼케이스 (syo-ke-i-seu) - *Showcase*: presentación en directo previa al lanzamiento para medios de comunicación y fans.
- 댄스 연습 영상 (daen-seu yeon-seup yeong-sang) - **Práctica de baile:** vídeos que muestran a los ídolos realizando la coreografía completa en estudios de baile, con ropa informal de entrenamiento/ocio.
- 특별 공연 (teukbyeol gongyeon) - **Presentación especial:**

espectáculo único o que se realiza una sola vez, a menudo en ocasiones especiales.

- 티저 (ti-jeo) - *Teaser*: vídeo o imagen promocional de corta duración.
- 릴레이 댄스 (ril-le-i daen-seu) - **Baile de relevos**: desafío de baile en el que los miembros alineados bailan por turnos una canción para divertirse.
- 팬캠 (paen-kaem) - *Fancam*: grabación en vídeo de un performance, normalmente en un concierto o evento en directo, que se centra en un solo intérprete o miembro de un grupo.
- 브이 라이브 (beu-i ra-i-beu) - **V Live**: una aplicación de transmisión en directo en la que los ídolos del K-pop interactúan con los fans en tiempo real. (A partir de finales de 2022, V Live se integró totalmente en la plataforma Weverse).
- 비하인드 (bi-ha-in-deu) - **Tras bastidores**: filmaciones que muestran lo que ocurre entre bastidores durante la producción de vídeos musicales, conciertos, etc.
- 메이킹 (me-i-king) - *Making of*: vídeo que muestra el proceso de creación de un vídeo musical, un álbum, etc.
- 하이터치 이벤트 (ha-i-teo-chi i-beon-teu) - **Evento *Hi-touch***: evento en el que los fans chocan los cinco con sus ídolos.
- 팬미팅 (paen-mi-ting) - **Reunión de fans**: Reunión en la que los fans interactúan con sus ídolos favoritos.
- 월드 투어 (wol-deu tu-eo) - *World tour* (gira mundial)
- 녹음 (nog-eum) - **Grabación**
- 촬영 (chwa-ryeong) - **Rodaje**
- 립싱크 (lip-sing-keu) - *Lip sync*: imitar el canto moviendo los labios en sincronía con una canción pregrabada.
- 라이브 (ra-i-beu) - **En directo**

장소 (JANG-SO) - LUGARES

- 경기장 (gyeong-gi-jang) - **Estadio**
- 뮤직홀 (myu-jik-hol) - **Sala de música**
- 무대 (mu-dae) - **Escenario**
- 백스테이지 (baek-seu-te-i-ji) - *Backstage*
- 녹음실 (nogeum-sil) - **Estudio de grabación**
- 연습실 (yeon-seup-sil) - **Sala de ensayo**
- 댄스 스튜디오 (daen-seu seu-tu-dio) - **Estudio de baile**

- 기숙사 **(gi-suk-sa)- Dormitorio.** Residencia proporcionada por empresas de entretenimiento donde viven aprendices e ídolos del K-pop. Los dormitorios son ideales para coordinar/gestionar agendas apretadas y fomentar un ambiente de equipo. Suelen estar equipados con instalaciones para respaldar su riguroso estilo de vida.

팬과 소통 (PAEN-GWA SO-TONG) - PARTICIPACIÓN DE LOS FANS

- 팬서비스 **(paen-seo-bi-seu)** - *Fan service*: interacciones entre ídolos y fans diseñadas para complacer a los fans.
- 응원봉 **(eung-weon-bong) - Varita de luz**: una varita luminosa especial que utilizan los fans durante los conciertos para mostrar su apoyo a su grupo. Cada grupo tiene su propio diseño.
- 팬 굿즈 **(paen gut-jeu)** - *Fan merch* **(«productos»)**: mercancía vendida a los fans, como ropa, accesorios y otros artículos.
- 커플 **(keo-peul) - «Nave»**: la práctica de imaginar una relación romántica o especial entre dos ídolos.
- 애교 **(ae-gyo) - «Aegyo»** : comportamiento cortés y encantador, a menudo exhibido mediante expresiones faciales, gestos y una voz más aguda.
- 스킨십 **(seu-kin-sip) - «Skinship»**: contacto físico entre los miembros de un grupo, a menudo visto como servicio a los fans.
- 멘트 **(men-teu) - «Ment»** :Abreviatura de la palabra «comentario» en inglés, y se refiere a los segmentos de conversación durante los eventos de K-pop, como los conciertos, en los que los ídolos interactúan con el público.
- 첼린지 **(chael-lin-ji) - Desafío**: un reto de baile o actuación, normalmente iniciado en plataformas de redes sociales.
- 미션 **(mi-syeon) - Misión**: tareas o retos específicos —a menudo divertidos— asignados a ídolos durante espectáculos de variedades, reuniones de fans o actos promocionales.

기타 용어 (GITA YONG-EO) - TÉRMINOS VARIOS

- 마이크 **(ma-i-keu) - Micrófono**
- 스포트라이트 **(seu-po-teu-ra-i-teu) - Spotlight**
- 무대 의상 **(mu-dae ui-sang) - Traje para el escenario**

- 대상 **(dae-sang) - Gran premio:** el máximo galardón que se concede en las galas de premios de la música coreana.
- 세대 **(se-dae) - Generación:** término utilizado para clasificar a los grupos de K-pop en función del año de su debut y su estilo. Ej: 4세대 (sa-se-dae) - 4ª Generación son los grupos que debutaron alrededor de 2018-2022, incluidos Stray Kids, ATEEZ e ITZY.
- 활동 중단 **(hwal-dong jung-dan) - Pausa / Hiatus:** interrupción o pausa en las actividades de un grupo de K-pop o de un miembro, a menudo provocada por una controversia.
- 재능 **(jae-neung) - Talento**
- 기술 **(gi-sul) - Habilidad**
- 카리스마 **(ka-ri-seu-ma) - Carisma**
- 스웨그 **(seu-we-geu) - Swag:** la confianza en sí mismo que muestra un ídolo.
- 한류 **(han-ryu → hal-lyu) - Hallyu:** literalmente «**ola coreana**», en referencia a la popularidad mundial de la cultura pop surcoreana.
- 손가락 하트 **(son-ga-rak ha-teu) - Corazón con los dedos:** un gesto popular que se hace con la mano (como se ve en la portada de este libro) en el que se cruzan los dedos pulgar e índice para formar la forma de un corazón. Este gesto simboliza el amor, y a menudo lo utilizan los ídolos para mostrar su agradecimiento a sus fans. Se ha convertido en un símbolo icónico de la conexión entre los artistas de K-pop y sus seguidores.

시상식 (SISANGSIK) - GALAS DE PREMIOS

En la industria del K-pop, los artistas se esfuerzan por conseguir el Daesang, o «premio más importante» en coreano. Estos premios se entregan durante galas de premios como:

1. 골든 디스크 어워드 **(Goldeun Diseukeu Eowodeu)/Golden Disc Awards (GDAs)** - Es considerada el equivalente coreano de los Grammy, esta ceremonia reconoce los logros más destacados en la industria musical.

2. 엠넷 아시안 뮤직 어워드 **(Emnet Asian Myujik Eowodeu)/Nnet Asian Music Awards (MAMAs)** - Evento anual que honra a lo mejor de la música, principalmente del K-pop, con categorías como Artista del Año y Canción del Año.

3. 멜론 뮤직 어워드 (Mellon Myujik Eowodeu)/Melon Music Awards (MMAs) - Otra gran gala de premios que se centra en las ventas digitales y los votos de los fans para determinar los ganadores.

4. 서울가요대상 (Seoul Gayo Daesang)/Seoul Music Awards (SMAs) - Celebra los mejores lanzamientos musicales y artistas del año.

5. 한국 대중 음악상 (Hanguk Daejung Eumaksang)/Korean Music Awards (KMA) - Se centran en los logros artísticos más que en el éxito comercial, y reconocen una amplia gama de géneros musicales.

6. 아시아 아티스트 어워즈 (Asia Atiseuteu Eowodeu)/Asia Artist Awards (AAA) - Otro prestigioso evento que destaca por premiar tanto a artistas coreanos como internacionales, lo que refleja el amplio atractivo del K-pop y del entretenimiento coreano a nivel mundial.

Hemos terminado de enseñarte la terminología básica que todo auténtico fan del K-pop debe conocer. Ahora, demos el siguiente paso en tu viaje: ¡formar frases!

LA ORACIÓN BÁSICA
ESTRUCTURA Y COMPONENTES

COMPRENDER la estructura de las frases es fundamental para comunicarse eficazmente en cualquier idioma. Como fan del K-pop, es posible que hayas notado que las frases coreanas se estructuran de forma diferente a las del español. El coreano sigue un orden de palabras diferente y utiliza «partículas» para indicar las relaciones gramaticales entre las palabras.

En este capítulo estudiaremos los componentes básicos de las frases coreanas, como el orden de las palabras, las partículas y los estilos de habla formal e informal. Una vez que los domines, podrás entablar conversaciones en un abrir y cerrar de ojos.

Tanto si escribes una carta de fan a tu ídolo favorito como si practicas coreano con otros amantes del K-pop, comprender la estructura de las frases te ayudará a expresarte con claridad y precisión.

SUBJECT-OBJECT-VERB (SOV) ORDEN DE LAS PALABRAS

Uno de los aspectos más importantes que debes entender sobre la estructura de las frases coreanas es que el orden de palabras que siguen es sujeto-objeto-verbo (SOV). Esto significa que el sujeto de la frase va primero, seguido del objeto y, por último, del verbo. Por otro lado, en español las frases suelen seguir el siguiente orden: sujeto-verbo-objeto (SVO).

Este es un ejemplo que muestra la diferencia:

- *Español:* Yo como una manzana - **S** (yo), **V** (comer), **O** (una manzana)
- *Coreano:* 저는 사과를 먹어요. (jeo-neun sagwa-reul meogeoyo) - - **S** (jeo, yo)+partícula (neun), **O** (sagwa, manzana)+partícula (reul), **V** (meogeoyo, comer)

En la oración en coreano, el sujeto 저 (jeo) va primero, seguido del objeto 사과 (sagwa) y, por último, el verbo 먹어요 (meogeoyo). La sílaba extra, 는 (neun), unida al sujeto y la sílaba extra, 를 (reul), unida al objeto se llaman «partículas». Más adelante hablaremos más sobre ellas.

Estos son algunos ejemplos más con los que te podrás familiarizar con la estructura básica de las oraciones en coreano:

- 아이유가 솔로 곡을 불러요 (Aiyu-ga sollo gogeul bulleoyo.) *Aiyu-solo una canción-canta* = IU canta una canción como solista.
- 뉴진스가 무대를 준비해요 (Nyujinseu-ga mudae-reul junbihaeyo.): *NewJeans-escenario-prepara* = NewJeans prepara el escenario.
- 피원하모니가 팬들에게 인사해요 (Piwonhamoni-ga paendeurege insahaeyo.): *P1Harmony-a-los-fans-saluda* = P1Harmony saluda a los fans.
- 트와이스가 안무를 연습해요 (Twice-ga anmu-reul yeonseubhaeyo.): *Twice-coreografía-práctica* = Twice practica la coreografía.
- 엑소가 공연을 해요 (EXO-ga gongyeon-eul haeyo.): *EXO-concierto-dar* = EXO da un concierto.
- 세븐틴이 팬미팅을 해요 (Seventeen-i paenmiting-eul haeyo.): *Seventeen-una reunión de fans- hace* = Seventeen hace una reunión de fans.
- 레드벨벳이 새 앨범을 발표해요 (Red Velvet-i sae aelbeom-eul balpyohaeyo.): Red*Velvet-nuevo álbum-lanza* = Red Velvet lanza un nuevo álbum.
- 아이즈원이 인터뷰를 해요 (Aijeuwon-i inteobyu-reul haeyo.): *I*ZONE-entrevista-da* = IZ*ONE da una entrevista.
- 스트레이 키즈가 상을 받아요 (Seuteurei Kijeu-ga sang-eul badayo.): Stray*Kids-un-premio-recibe* = Stray Kids recibe un premio.

Comprender el orden de las palabras SOV es fundamental para construir frases gramaticalmente correctas en coreano. Necesitarás algo de práctica para acostumbrarte al orden, sobre todo si estás más familiarizado con la estructura SVO del español o inglés. Con el tiempo, te familiarizarás aún más y te resultará más natural.

조사 (JOSA) - PARTÍCULAS

¿De casualidad notaste la presencia de 가 **(ga)**, 이 **(i)**, 를 **(reul)**, y 을 **(eul)** en esas oraciones? Esas son algunas de las muchas partículas imprescindibles para construir oraciones correctas en coreano. Vamos a repasarlas.

Al igual que en otros idiomas asiáticos, las partículas son pequeñas palabras que se unen al final de sustantivos, pronombres u otras palabras para indicar su función gramatical en una frase. Desempeñan un papel esencial en la estructura de las oraciones, ya que aclaran las relaciones entre las palabras y ayudan a transmitir el significado deseado. No tienen equivalentes perfectos en otros idiomas, por lo que tendrás que esforzarte un poco para entender el concepto.

Estas son algunas de las partículas más comunes:

는/은 (neun/eun): Partículas temáticas

Como lo sugiere su nombre, las partículas temáticas indican el tema de una oración. Ayudan a resaltar de qué trata la frase, haciendo énfasis en el tema.

는 (neun) y 은 (eun) son la misma partícula, con la diferencia de que se utiliza 는 después de palabras que acaban en vocal y 은 después de palabras que acaban en consonante.

Funciones de 는/은 (neun/eun):

1. *Presentar un tema:*

- 오늘은 엔하이픈 콘서트가 있어요. (Oneul-**eun** Enhaipeun konseoteuga isseoyo.) - Hoy hay un concierto de ENHYPEN.

La partícula 은 (eun) indica que 오늘 u «hoy», es el tema de la frase.

2. *Enfatizar el contraste:*

- 저는 르세라핌 좋아해요. (Jeo-**neun** Leuserapim-reul joahaeyo.) - A mi me gusta LE SSERAFIM.

- 친구는 있지를 좋아해요. (Chingu-**neun** Itji-reul joahaeyo.) - A mi amigo le gusta ITZY.

La partícula 는 (neun) tanto en 저는 (jeo-neun) como en 친구는 (chingu-neun) se utiliza para contrastar la preferencia del hablante con la de su amigo.

3. *Afirmaciones generales:*

- 아이돌은 인기가 많아요. (Aidol-**eun** ingiga manayo.) - Los ídolos son muy populares.

La partícula 은 (eun) en 아이돌은 (aidol-eun) sugiere que la afirmación es una observación general sobre los ídolos.

가/이 (ga/i): Partículas de sujeto

Son partículas que se utilizan para marcar el sujeto de una frase. Además de identificar el sujeto de la frase, introducen información nueva o enfatizan el sujeto de forma neutra.

가 (ga) y 이 (i) son iguales, la diferencia es que 가 se coloca después de las vocales y 이 después de las consonantes.

Funciones de 가/이 (ga/i):

1. Identificar el sujeto:

- 싸이가 춤춰요. (Ssai-**ga** chumchwoyo.) - PSY está bailando.

La partícula 가 (ga) en 싸이가 (ssai-ga) indica que «PSY» es el sujeto de la oración.

2. Presentar información nueva:

- 팬이 무대에 올라왔어요. (Paen-**i** mudae-e olla-wasseoyo.) - Un fan se subió al escenario.

La partícula 이 (i) en 팬이 (paen-i) presenta 팬, o «un fan» como información nueva.

3. Enfatiza el sujeto de manera neutral:

- 제가 콘서트를 봐요. (Jae-**ga** konseoteureul bwoyo.) - **Yo** veo conciertos.

La partícula de sujeto 가 (ga) en 제가 (jega) subraya que soy «yo» quien ve conciertos.

Una nota sobre 는/은 (neun/eun) versus 가/이 (ga/i)

El uso de 는/은(neun/eun) o 가/이(ga/i) depende de si el sujeto es el elemento principal de la oración o no. Si el sujeto es el tema principal de la oración, utiliza 는/은. Si no lo es o si se habla de él por primera vez, utiliza 가/이.

¿Te parece algo confuso? No eres el único. Para los principiantes, uno de los aspectos más complicados de la gramática coreana es aprender la diferencia entre 는/은 y 가/이 y cómo utilizarlos adecuadamente. Veamos algunos ejemplos (y ten en cuenta que las frases siguen la estructura SOV):

- 정국은 막내입니다 (Jeongguk-**eun** maknae-imnida) - Jungkook es **un maknae** (el más joven de un grupo). Es una afirmación general que identifica su posición en el grupo. (Recuerda que hay tantos maknaes como grupos de K-pop en la industria).
- 정국이 막내입니다 (Jeongguk-**i** maknae-imnida) - **Jungkook** es el maknae. Es una afirmación que identifica a Jungkook, en particular, como el maknae de su grupo, y no a otra persona. (Más adelante hablaremos de -imnida y otras terminaciones verbales).

Este es otro ejemplo:

- 연준은 TXT를 떠났습니다. (Yeonjun-**eun** TXT-reul tteonasseumnida) - Yeonjun **dejó TXT**. Esta oración simplemente afirma que Yeonjun dejó su grupo.
- 연준이 TXT를 떠났습니다 (Yeonjun-**i** TXT-reul tteonasseumnida) - **Yeonjun** abandonó TXT. Esto identifica/señala a Yeonjun como la persona que abandonó su grupo, no otra.

La diferencia depende de qué parte de la afirmación debe enfatizarse. En español, la diferencia entre los artículos «un» y «el/la» puede cumplir una función similar.

Hay reglas y excepciones mucho más complicadas de las que podemos abarcar aquí. Pero, por ahora, es suficiente con que conozcas el concepto básico. Una vez que lo reconozcas, empezarás a percibirlo en el habla y la escritura cuando veas vídeos, y cuanto más te expongas a él, más intuitivo te resultará. Ten paciencia y no te vuelvas loco intentando hacerlo todo bien desde el principio.

를/을 (reul/eul): Partículas de objeto

Las partículas de objeto se utilizan para marcar el objeto directo en una oración. Ayudan a aclarar sobre qué se está realizando la acción del verbo.

를 (reul) y 을 (eul) son iguales, salvo que se utiliza 를 después de las vocales y 을 después de las consonantes.

Ejemplos:

- 노래를 (norae-**reul**) - canción (como objeto)
- 춤을 (chum-**eul**) - baile (como objeto)

Los pronombres objeto también se forman uniendo las partículas de objeto a los pronombres personales introducidos al principio del capítulo 2:

		Informal/Casual	Formal/Respetuoso
Primera persona singular	(a) mí/me	나를 (na-reul)	저를 (jeo-reul)
Primera persona plural	(a) nosotros / nos	우리를 (uri-reul)	저희를 (jeohui-reul)
Segunda persona singular	(a) ti/te	너를 (neo-reul)	당신을 (dangsin-eul)
Segunda persona plural	(a) ustedes/os/les/los	너희를 (neohui-reul)	---*
Tercera persona singular	(a) él, ella / le/ lo/ la	그를 (geu-reul)/그녀를 (geunyeo-reul)**	
Tercera persona plural	(a) ellos /les / los	그들을 (geudeul-eul)**	

*La segunda persona cortés del singular, 당신을, casi no se utiliza en conversaciones. Los coreanos suelen dirigirse a los demás por sus nombres o cargos, seguidos del sufijo honorífico 님 (nim). Para la segunda persona cortés del plural, lo más habitual es utilizar 여러분을 (yeoreobun-eul), que significa «todos».

** 그를, 그녀를 y 그들을 son palabras literarias y prácticamente nunca se utilizan en conversaciones. En la mayoría de los casos, el sujeto está implícito. Si es necesaria una aclaración, los coreanos se refieren a una persona por su nombre o dicen 그 분, que significa «esa persona» (por educación).

들 (deul): Partícula plural

La partícula 들 indica el plural. Aunque no es incorrecto, es poco frecuente ver que 들 se utilice para objetos no animados, como libros o tazas. 들 se utiliza principalmente para referirse a personas y a veces puede usarse para referirse a animales y plantas (excluyendo los que ya han sido capturados o cosechados que compras en las tiendas).

Los objetos inanimados no se pluralizan o su cantidad se especifica mediante contadores.

Ejemplos:

- 사람 (saram)/persona → 사람들 (saram-**deul**)/personas
- 친구 (chingu)/amigo → 친구들 (chingu-**deul**)/amigos

Oraciones de ejemplo:

- 아이돌이 노래해요. (Aidol-i noraehaeyo.) - Un ídolo canta. → 아이돌들이 노래해요. (Aidol-**deur**-i noraehaeyo.) - Ídolos cantan.

Aunque 들 (**deul**) se utiliza para convertir sustantivos en plurales, es importante tener en cuenta que el coreano suele basarse en el contexto más que en marcadores explícitos de plural. El uso de 들 (**deul**) es más habitual en el lenguaje hablado cuando el hablante quiere dejar claro el plural.

에 (e), 에서 (eseo), 부터 (buteo), y 까지 (kkaji): Partículas de tiempo y lugar

El coreano utiliza varias partículas para indicar lugar y tiempo, y son equivalentes a las preposiciones en español. Estas son las principales partículas de lugar y sus usos:

1. 에 (e)

Indica el lugar donde existe algo (es decir, «en») o la dirección hacia la que se mueve algo (es decir, «hacia»). 에 también se utiliza para indicar el tiempo, de forma similar a «a las horas» en español.

Ejemplos:

- 케이팝 아이돌들은 한국에 살아요 (Keipap aidoldeul-eun hanguk-**e** sarayo) - Los ídolos del K-pop viven en Corea.

- 학교에 가요. (Hakgyo-e gayo.) - (Yo) voy a la escuela.
- 콘서트는 저녁 8시에 시작해요 (Konseoteu-neun jeonyeok 8si-e sijakhaeyo.) - El concierto empieza a las 8 p.m.

2. 에서 (eseo)

Indica el lugar donde se realiza una acción (es decir, «en»). También puede significar «desde/de» cuando indica el punto de partida de una acción.

Ejemplos:

- 서울에서 출발해요. (Seoul-eseo chulbalhaeyo.) - (Ellos) salen de Seúl.
- 연습실에서 춤춰요. (Yeonseupsil-eseo chumchwoyo.) - (Yo) bailo en la sala de ensayo.

3. 부터 (buteo)

Indica el punto de partida en el tiempo o en el espacio (es decir, «desde»).

Ejemplos:

- 서울부터 부산까지 (Seoul-buteo Busankkaji) - Desde Seúl hasta Busan.
- 아침부터 연습해요. (Achim-buteo yeonseuphaeyo.) - (Ellos) practican desde la mañana.

4. 까지 (kkaji)

Indica el punto final en el tiempo o en el espacio (es decir, «hasta»).

Ejemplos:

- 연습실까지 달려요. (Yeonseupsil-kkaji dallyeoyo.) - (Ellos) corren hasta el cuarto de ensayo.
- 오후까지 연습해요. (Ohu-kkaji yeonseuphaeyo.) - (Yo) practico hasta la tarde.

와, 과, 랑, 이랑, y 하고: Partículas de enlace

En coreano, las partículas de enlace se utilizan para unir sustantivos, de forma similar a «y» en español. Estas son las principales partículas de enlace y sus usos:

와 (wa) / 과 (gwa)

1. **와 (wa):** se utiliza después de un sustantivo terminado en vocal.
2. **과 (gwa):** se utiliza después de un sustantivo terminado en consonante.

Ejemplos:

- 블랙핑크**와** 트와이스 (Beullaekpingkeu-**wa** Teuwaiseu) - BLACKPINK y TWICE
- 앨범**과** 포토북 (aelbeom-**gwa** potobuk) - álbum y álbum de fotos

랑 / 이랑 (rang / irang)

1. **랑 (rang):** se utiliza después de un sustantivo terminado en vocal.
2. **이랑 (irang):** se utiliza después de un sustantivo terminado en consonante.

Ejemplos:

- 콘서트**랑** 팬미팅 (konseoteu-**rang** paenmiting) - concierto y reunión de fans
- 아이돌**이랑** 팬 (aidol-**irang** paen) - ídolo y fan

La principal diferencia entre 와/과 y 랑/이랑 es que el primer par es más formal y se utiliza más por escrito, mientras que el segundo es más informal y más común en el coreano hablado.

하고 (hago)

Puede utilizarse para unir dos sustantivos y es neutro en cuanto a formalidad, lo que lo hace versátil tanto para conversaciones informales como formales. También se utiliza después de cualquier sustantivo, independientemente de que termine en vocal o consonante.

Ejemplos:

- 노래**하고** 춤 (norae-**hago** chum) - canción y baile
- 멤버**하고** 스태프 (member-**hago** seutaepeu) - miembro y personal

의 (ui): Partículas positivas

La partícula posesiva, 의 (ui), se utiliza para indicar posesión. Cuando se utiliza en una frase, el poseedor va primero, seguido de 의 (ui), y luego la posesión.

Ejemplos:

- 예지**의** 눈 (yeji-**ui** nun) - Los ojos de Yeji
- 가수**의** 목소리 (gaseu-**ui** moksori) - La voz del cantante

Aunque **의 (ui)** es más común en la escritura estándar y en el discurso formal, los hablantes nativos cambian frecuentemente la pronunciación a **에 (e)** en la conversación informal, sobre todo con ciertos pronombres. Asimismo, en coreano hablado, 의 (ui) suele omitirse cuando el contexto es claro.

Por ejemplo, en lugar de decir 내 친구의 책 (nae chingu-ui chaek) para «el libro de mi amigo», la gente puede decir simplemente 내 친구 책 (nae chingu chaek), «el libro mi amigo».

Y en el habla diaria oirás:

- 나의 (na-ui) → **내 (nae)** - «mi» (informal)
- 저의 (jeo-ui) → **제 (je)** - «mi» (formal)
- 너의 (neo-ui) → **네 (ne)** - «tu» (informal)

Aquí tienes una lista de pronombres posesivos «estándar»:

		Informal/Casual	Formal/Respetuoso
Primera persona singular	mi	**나의** (na-ui)	**저의** (jeo-ui)
Primera persona plural	nuestro	**우리의** (uri-ui)	**저희의** (jeohui-ui)
Segunda persona singular	tu	**너의** (neo-ui)	**당신의** (dangsin-ui)*
Segunda persona plural	su	**너희의** (neohui-ui)**	---***
Tercera persona singular	su	**그의** (geu-ui)/**그녀의** (geunyeo-ui)****	
Tercera persona plural	su	**그들의** (geudeul-ui)****	

La segunda persona cortés del singular, 당신의, casi no se utiliza en conversaciones. Los coreanos suelen dirigirse a los demás por sus nombres o cargos, seguidos del sufijo honorífico 님 (nim).

**La segunda persona del plural 너희 no requiere partícula posesiva. En otras palabras, 너희 puede significar tanto «tú» como «tu _____».*

***Para la segunda persona cortés del plural, lo más habitual es utilizar 여러 분의 (yeoreobunui), que significa «de todos».

**** 그의, 그녀의 y 그들의 son palabras literarias y prácticamente nunca se utilizan en las conversaciones. En la mayoría de los casos, el sujeto está implícito. Si es necesaria una aclaración, los coreanos se refieren a una persona por su nombre o dicen 그 분, que significa «esa persona» (por educación).

도 (do): Partícula «también»

La partícula 도 **(do)** se utiliza para decir «también». Se utiliza para indicar que el sujeto, objeto o tema de la frase comparte la misma característica o acción que algo mencionado anteriormente.

도 **(do)** se une directamente al sustantivo o pronombre al que modifica, sustituyendo a cualquier partícula de sujeto, tema u objeto —**이/가 (i/ga), 는/은 (neun/eun),** o 를/을 **(reul/eul)**— que se utilizaría normalmente.

Ejemplos:

- 이 노래**도** 정말 좋아요. (I norae-**do** jeongmal joayo) - Esta canción también es muy buena.
- 나**도** 투모로우바이투게더를 좋아해요. (na-**do** Tumorou-bai-tugedeo-reul joahaeyo) - A mí también me gusta TXT.

만 (man): Partícula «único»

La partícula **만 (man)** se utiliza para decir «solo» o «únicamente».

만 (man) se une directamente al sustantivo o pronombre al que modifica. Subraya que la acción o afirmación se refiere exclusivamente a ese sustantivo o pronombre.

Ejemplos:

- 그 사람은 춤**만** 잘 춰요. (Geu saram-eun chum-**man** jal chwoyo.) - Él/ella solo es un(a) buen(a) bailarín(a).
- 그 맴버는 노래**만** 불러요. (Geu maembeo-neun norae-**man** bulleoyo.) - El miembro solo canta.

Estas no son las únicas partículas que existen, ¡pero lo que hemos estudiado te mantendrá ocupado un buen rato!

Pronombre + contracción de partícula. En coreano, los pronombres y pronombres demostrativos como «esto», «eso», «aquí» y «allí» pueden contraerse con partículas para que la pronunciación sea más fluida y natural. Estas contracciones simplifican el idioma, por lo que es más eficaz tanto para la comunicación oral como para la escrita.

Por ejemplo:

나 **(na)** - Yo, mi (informal) y 저 **(jeo)** - Yo, mi (formal)

- 나 + 가 **(ga)** → 내가 **(naega)** - Yo (como sujeto)
- 저 + 가 **(ga)** → 제가 **(je-ga)** - Yo (como sujeto)

Y para

이것 **(igeot)** - este

- 이것 + 은 **(eun)** → 이건 **(igeon)** - este (como tema)
- 이것 + 이 **(i)** → 이게 **(ige)** - este (como sujeto)
- 이것 + 을 **(eul)** → 이걸 **(igeol)** - este (como objeto)

Del mismo modo, otros pronombres y las partículas que los acompañan se contraen como puedes ver en la siguiente tabla.

Tabla de resumen de las contracciones de pronombre + partícula

Pronombre	English	Tema (는)	Sujeto (가)	Objeto (를)
저 (jeo)	yo/me (formal)	저는 (jeoneun)	제가 (jega)	저를 (jeoreul)
나 (na)	yo/me (formal)	나는 (naneun)	내가 (naega)	나를 (nareul)
너 (neo)	usted/tú (singular)	너는 (neoneun)	네가 (nega)*	너를 (neoreul)
이것 (igeot)	Este/esto	이건 (igeon)	이게 (ige)	이걸 (igeol)
그것 (geugeot)	Eso/esa	그건 (geugeon)	그게 (geuge)	그걸 (geugeol)
저것 (jeogeot)	Eso de allí	저건 (jeogeon)	저게 (jeoge)	저걸 (jeogeol)

Aunque 네가 es la escritura correcta de la palabra, es más común pronunciarla como 니가 (niga) o 너가 (neoga) en las conversaciones..

PUNTUACIÓN EN COREANO

El sistema de puntuación coreano se ha visto influido por los estilos de puntuación europeos.

Signos de puntuación

Los siguientes se utilizan habitualmente en coreano de la misma forma que en español:

1. 마침표 (machimpyo)/Punto - .

2. 쉼표 (swimpyo)/Coma - ,

3. 물음표 (mureumpyo)/Signo de interrogación - ?

4. 느낌표 (neukkimpyo)/Signo de exclamación - !

5. 따옴표 (ttaompyo)/Comillas

   - 큰따옴표 (keunttaompyo)/Comillas dobles - " "
   - 작은따옴표 (jageunttaompyo)/Comillas simples - ' '

6. 쌍점 (ssangjeom)/Dos puntos - :

7. 쌍반점 (ssangbanjeom)/Punto y coma - ;

8. 괄호 (gwalho)/Paréntesis - ( )

Espacio entre palabras en la escritura coreana

El coreano utiliza espacios entre las palabras, de forma similar al español, pero hay reglas específicas acerca de dónde colocar los espacios. Estas son las reglas principales:

1. **Sustantivos y partículas.** Los sustantivos, incluidos los pronombres, y sus partículas asociadas, como marcadores de tema, de sujeto, de objeto, etc., se agrupan y se tratan como una sola palabra.
2. **Predicados (verbo de enlace + sustantivo o adjetivo):** El «verbo ser» 이다 (ida) y sus complementos, que son sustantivos y adjetivos, se escriben juntos. (Veremos este concepto en el siguiente capítulo).
3. **Sustantivos compuestos:** Los sustantivos compuestos, por ejemplo, 콘서트장 (konseoteu-jang), se escriben juntos sin espacios. (콘서트장 es una combinación de 콘서트, «concierto»

escrito fonéticamente, y 장, palabra sino-coreana que significa
«lugar»).

4. **Números y contadores:** Los números y los contadores se
   agrupan, pero se escriben con un espacio entre ellos, por
   ejemplo, 티켓 두 장 (tiket du jang). Sin embargo, cuando el
   número se escribe con números arábigos, no hay espacio entre
   el número y el contador, por ejemplo, 티켓 2장 (tiket i-jang).

Ejemplo:

저는 뉴진스 팬이에요. 뉴진스 앨범 두 장 샀어요. (Jeoneun nyujinseu
paen-ieyo. Nyujinseu aelbeom du jang sasseoyo.) - Soy fan de New
Jeans. Compré dos discos de New Jeans. / *New Jeans fan soy. (Sujeto
omitido) El nuevo álbum de New Jeans dos «jang» (contador para objetos)
compré.*

- 저는: El marcador tópico 는 (neun) va unido al pronombre 저.
- 팬이에요: El verbo 이다, conjugado en 이에요, se une
  directamente al complemento 팬.
- 두 장: El número 두 y el contador 장 se escriben con un espacio
  entre ambos.

Ahora que hemos aprendido la estructura básica de las frases y las
partículas de uso común, podemos profundizar en uno de los componentes más importantes de la gramática coreana: los verbos. En el
próximo capítulo exploraremos cómo se conjugan y cómo constituyen
la columna vertebral de las frases coreanas.

CINCO
VERBOS Y CONJUGACIÓN
DONDE ESTÁ LA ACCIÓN

LOS VERBOS SON la columna vertebral de las oraciones en cualquier idioma, y el coreano no es la excepción. Expresan acciones, estados y emociones, por lo que son esenciales para una comunicación eficaz.

Es probable que ya te hayas encontrado con varios verbos en letras de canciones, entrevistas y cánticos de fans. Entender cómo conjugar y utilizar los verbos en coreano llevará tus habilidades lingüísticas al siguiente nivel. Así que, ¡comencemos!

LO BÁSICO

La forma infinitiva de los verbos coreanos termina en «다 (da)», y la parte que precede a la «다» se llama «raíz verbal». Las partes subrayadas son las raíces verbales en los siguientes ejemplos:

- 하다(**ha**da): Hacer
- 노래하다 (norae-**ha**da): Cantar
- 가다 (**ga**da): Ir
- 먹다 (**meok**da): Comer
- 춤추다 (chum-**chu**da): Bailar

Toda la conjugación se produce en los sufijos / terminaciones que añades a estas raíces verbales. Elimina la «다» y sustitúyela por la terminación adecuada. Algunas de las reglas pueden ser un poco complicadas incluso para los verbos regulares. Pero, en general, estas reglas son bastante sistemáticas, así que si te tomas tu tiempo, verás lo bien que puedes aprenderlas en relativamente poco tiempo.

Los verbos coreanos no se conjugan según el género o los pronombres, como ocurre en otros idiomas. En cambio, se conjugan principalmente según el tiempo (futuro, presente, pasado) y los niveles de cortesía (informal, cortés, formal), basándose en las relaciones jerárquicas entre el hablante y el oyente.

Tanto si el sujeto de la frase se especifica con un sustantivo o pronombre como si se omite/implica a través del contexto, como ocurre a menudo, *no* afecta a cómo se conjuga el verbo.

MÁS SOBRE LA FUNCIÓN DE LA JERARQUÍA

El idioma coreano tiene un complejo sistema de honoríficos y niveles de cortesía que se utilizan para expresar respeto. Indican la relación del hablante con el oyente o el tema de la conversación. Aunque se trata de un concepto familiar para los hablantes de otros idiomas asiáticos y de algunos idiomas europeos, para la mayoría de los hablantes de español puede resultar extraño.

El nivel de cortesía, las terminaciones verbales y el vocabulario cambian según la posición social respectiva y la cercanía entre los interlocutores. Por ejemplo, cuando hablan con alguien de mayor estatus o edad, o con un desconocido en un lugar público, los coreanos utilizan un lenguaje formal y cortés, empleando partículas honoríficas y terminaciones verbales especiales.

En cambio, cuando se dirigen a alguien de menor estatus o edad, o a alguien cercano, como amigos o familiares, los coreanos utilizan un lenguaje más informal. No utilizar el nivel adecuado de lenguaje puede considerarse descortés y dar lugar a posibles malentendidos o *pasos en falso* sociales.

Nota cultural adicional: la jerarquía en la cultura coreana también se manifiesta en los procesos de toma de decisiones, la distribución de los asientos y las prácticas de entrega de regalos. En general, los que están más arriba en la jerarquía tienen más autoridad e influencia en la toma de decisiones, y sus opiniones se tienen más en cuenta. En las reuniones sociales, la organización de los asientos suele reflejar el orden jerárquico, con las personas de mayor rango sentadas en posiciones de honor. En el K-pop, probablemente te habrás dado cuenta de que los miembros del grupo casi siempre se enumeran o presentan por orden de antigüedad, aunque la diferencia sea de una o dos semanas.

NIVEL DE CORTESÍA Y CONJUGACIÓN

En coreano, los niveles de cortesía y la conjugación son fundamentales para comunicarse correctamente. Los niveles suelen clasificarse en informal, cortés y formal. Aquí tienes un resumen de cada nivel y formas de conjugar los verbos según corresponda.

반말 (Banmal) - Informal

- **Uso:** se utiliza con amigos íntimos, familiares de la misma edad, gente más joven o en situaciones muy informales. Los ídolos hablan entre ellos de esta forma.
- **Características:** directa y simple, a menudo los verbos terminan en -아/어 (a/eo).

존댓말 (Jondaemal) - Cortés

- **Uso:** se utiliza en la conversación cotidiana con desconocidos, conocidos y en la mayoría de las situaciones sociales para mostrar respeto. Oirás a los ídolos hablar de esta forma en entrevistas y programas de TV. Esta es la forma principal en la que debes concentrarte como principiante, porque es la más versátil y te ayudará a evitar cometer *pasos en falso* sociales. Aprende las distintas conjugaciones de esta forma, es decir, pasado cortés, futuro cortés, progresivo cortés, imperativo cortés, etc., y a partir de ahí podrás aprender otras formas.
- **Características:** termina con -요 (yo) u otras terminaciones de cortesía, lo que indica educación.

Forma cortés que implica el honorífico 시 *(si):* El honorífico 시 (si) se utiliza para mostrar respeto o cortesía hacia el sujeto de la frase. Aunque el nivel de cortesía varía según las terminaciones, como -요 y -습니다 (-seumnida), 시 es un elemento esencial que complementa a la terminación -요.

- **Uso:** 시 se añade a la raíz del verbo cuando el sujeto de la frase es alguien de estatus superior o mayor (por ejemplo, tu abuela o el director general de tu empresa). Por ejemplo, 할머니가 요리하세요 (halmeoniga yorihaseyo) significa «La abuela cocina». Aquí, el verbo 요리하다 (yorihada) se convierte en 요리하시다 (yorihasida), que luego se conjuga en 요리하세요 (yorihaseyo) en presente. Sin embargo, cuando el sujeto de esta frase es 저 (jeo), la frase se convierte en 저는 요리해요 (jeoneun yorihaeyo), que significa «yo cocino». Fíjate en que el segundo ejemplo sigue reflejando el habla cortés, ya que acaba con la terminación cortés -요.

- **Características:** se añade 시 a la raíz del verbo y se conjuga en el tiempo adecuado.

격식체 (Gyeoksikche) - Formal

- **Uso:** se utiliza en situaciones formales como presentaciones, documentos oficiales, discursos, entrevistas y noticias. También se usa cuando te diriges a alguien de un estatus significativamente superior. A menudo oirás a los ídolos dirigirse a sus fans utilizando esta forma, reflejando su máximo respeto y agradecimiento hacia ti.
- **Características:** termina con -ㅂ니다/습니다 (mnida/seumnida)* para los verbos, lo que indica gran respeto y formalidad. *Ejemplo de asimilación consonántica (ㅂ → ㅁ)*

CONJUGACIÓN DE VERBOS REGULARES E IRREGULARES

Como muchos otros idiomas, los verbos coreanos pueden clasificarse en regulares e irregulares según sus patrones de conjugación. Los verbos regulares siguen reglas de conjugación predecibles, lo que facilita su aprendizaje y uso. Por otra parte, los irregulares tienen patrones de conjugación únicos que deberás memorizar.

Para conjugar verbos regulares, elimina la sílaba final 다 (da) y sustitúyela por la terminación verbal adecuada. Por ejemplo, para 만나다 (mannada), «quedar de verte (con alguien)», la conjugación es así:

- 만나요 (manna-yo) - (Nos) vemos (cortés, tiempo presente)
- 만났어요 (manna-sseoyo) - (Nos) vimos (cortés, tiempo pasado)
- 만날 거예요 (mannal-geoyeyo) - (Nos) veremos (cortés, tiempo futuro)

¿Te das cuenta de que la raíz, 만나, no cambia? Lo que sigue son terminaciones utilizadas para la conjugación, y aunque hay muchas más (para distintos niveles de cortesía, por ejemplo), siguen siendo más o menos las mismas para todos los verbos regulares. En otras palabras, si las memorizas, ¡podrás conjugar la gran mayoría de los verbos coreanos!

Sin embargo, los verbos irregulares tienen raíces que cambian al conjugarse, por lo que requieren especial atención. Los repasaremos más adelante.

Pero primero nos concentraremos en la conjugación de los verbos regulares, repasando las reglas básicas y algunos ejemplos.

CONJUGACIÓN DE LOS VERBOS REGULARES

El primer paso para conjugar verbos regulares es *identificar la última vocal de la raíz verbal*. Para ello, elimina la última 다 y, a continuación, presta atención a la última sílaba de la raíz verbal restante y busca la última vocal.

Ejemplos:

- En 먹다 (meok-da), «comer», la vocal de la última sílaba de la raíz, 먹, es ㅓ
- En 마시다 (masi-da), «beber», la vocal de la última sílaba de la raíz 시 es ㅣ.
- En 놀다 (nol-da), «jugar», la vocal de la última sílaba de la raíz 놀 es ㅗ.
- En 만나다 (manna-da), «verse», la vocal de la última sílaba de la raíz, 나, es ㅏ

Un *spotlight* (조명, jomyeong) sobre 하다 (hada): El verbo 하다 (hada), que significa «hacer», es uno de los más importantes y versátiles del idioma coreana.

Aunque 하다 funciona como verbo base por sí solo, se utiliza mucho en combinación con sustantivos para formar una gran variedad de verbos compuestos.

Por ejemplo, para formar el verbo «cantar», combinas el sustantivo de «canción», 노래 (narae), y el verbo «hacer», 하다 (hada), para obtener 노래하다 (naraehada). Otros ejemplos de «verbos hada» compuestos son:

- 공부 (gongbu), «estudios» + 하다 → 공부하다 (gongbuhada), «estudiar»
- 말 (mal), «habla» + 하다 → 말하다 (malhada) «hablar»
- 요리 (yori) «cocina/plato» + 하다 → 요리하다 (yorihada) «cocinar»
- 랩 (raep), «rap» + 하다 → 랩하다 (raephada) «rapear»

Todos estos verbos 하다 siguen las mismas reglas. 하다 es un verbo normal que sigue las reglas de conjugación de las raíces terminadas en 아, pero requiere pequeños ajustes que verás a continuación. Cuando domines las conjugaciones de 하다, podrás conjugar aproximadamente el 57 % de todos los verbos coreanos. ¡Increíble!

Ahora, sin más que decir, empecemos a conjugar algunos verbos. Una vez más, recuerda que los verbos coreanos solo se conjugan según los niveles de cortesía y los tiempos verbales, no importa quién o cuántas personas realicen la acción. A diferencia de otros idiomas, los verbos coreanos no cambian según la persona del sujeto (primera, segunda o tercera) o el número (singular o plural).

현재 시제 (hyeonjae sije)/Presente

Para conjugar verbos regulares en presente, solo tienes que añadir las siguientes terminaciones a la raíz del verbo según la última vocal de la raíz:

última vocal	Informal	Cortés	Cortés con honorífico -시 (si)	Formal
ㅏ o ㅗ	-아 (-a)	-아요 (-ayo)	Raíz terminada en a -vocal: -세요 (-seyo)	Raíz terminada en -vocal: -ㅂ니다 (-mnida)
Otras	-어 (-eo)	-어요 (-eoyo)	-consonante: -으세요 (-euseyo)	-consonante: -습니다 (-seumnida)

Nota sobre la asimilación de vocales. Si la raíz del verbo termina con una vocal, 아 o 어 de las terminaciones se combinan con la sílaba anterior. Te explicamos cómo funciona:

Vocal + combinación vocálica	Ejemplo
ㅏ + 아 (a + a) → ㅏ (a)	가다 (ir), 가 + 아 (ga + a) → 가 (ga)
ㅗ + 아 (o + a) → ㅘ (wa)	보다 (ver), 보+아 (bo + a) → 봐 (bwa)
ㅓ + 어 (eo + eo) → ㅓ (eo)	서다 (estar de pie), 서 + 어 (seo + eo) → 서 (seo)
ㅣ + 어 (i + eo) → ㅕ (yeo)	마시다 (tomar), 마시 + 어 (masi + eo) → 마셔 (masyeo)
ㅜ + 어 (eu + eo) → ㅝ (wo)	춤추다 (bailar), 춤추 + 어 (chumchu +eo) → 춤춰 (chumchwo)

A lo largo de esta sección de conjugación, utilizaremos estos tres verbos como ejemplos: 가다 (gada), «ir»; 하다 (hada), «hacer»; 먹다 (meokda), «comer». (Las excepciones 하다 están ligeramente sombreadas a continuación).

Verbo	Informal	Cortés	Cortés con -시	Formal
가다	가 (ga)	가요 (gayo)	가세요	갑니다 (gamnida)
하다	해 (hae)	해요 (haeyo)	하세요	합니다 (hamnida)
먹다	먹어 (meogeo)	먹어요 (meogeoyo)	드세요*	먹습니다 (meokseumnida)

Algunos verbos coreanos tienen dos palabras distintas para el habla informal y cortés. Algunos ejemplos comunes son 먹다 (meokda) / 드시다 (dusida), «comer»; 자다 (jada) / 주무시다 (jumusida), «dormir»; 있다 (itda) / 계시다 (gyesida), «estar o quedarse».

Ejemplos (forma cortés):

- 학교에 가요. (Hakgyoe gayo.) - (Yo) voy a la escuela.
- 숙제를 해요. (Sukjereul haeyo.) - (Yo) hago tarea.
- 밥을 먹어요. (Bapeul meogeoyo.) - (Yo) como arroz.

과거 시제 (gwageo sije)/Pasado

Para conjugar verbos regulares en pasado, solo tienes que añadir las siguientes terminaciones a la raíz del verbo según la última vocal de la raíz:

Última vocal	Informal	Cortés	Cortés con -시	Formal
ㅏ ㅗ ㅜ	-았어 (-asseo)	-았어요 (-asseoyo)	-셨어요 (-syeosseoyo)	-았습니다 (-asseumnida)
Otros	-었어 (-eosseo)	-었어요 (-eosseoyo)		-었습니다 (-eosseumnida)

Para los tres verbos de ejemplo, sería así:

Verbo	Informal	Cortés	Cortés con -시 (si)	Formal
가다	갔어 (gasseo)	갔어요 (gasseoyo)	가셨어요 (gasyeosseoyo)	갔습니다 (gasseumnida)
하다	했어 (haesseo)	했어요 (haesseoyo)	하셨어요 (hasyeosseoyo)	했습니다 (haesseumnida)
먹다	먹었어 (meogeosseo)	먹었어요 (meogeosseoyo)	드셨어요 (deusyeosseoyo)	먹었습니다 (meogeosseumnida)

Ejemplos (forma cortés):

- 저는* 학교에 갔어요. (Jeoneun hakgyoe gasseoyo.) - Fui a la escuela.
- 저는 숙제를 했어요. (Jeoneun sukjereul haesseoyo.) - Hice la tarea.
- 저는 밥을 먹었어요. (Jeoneun bapeul meogeosseoyo.) - Comí (mi comida, o literalmente «arroz»).

*저는 *(sujeto + partícula temática) puede omitirse. A menudo, suena mejor cuando se omite el sujeto.*

미래 시제 (mirae sije)/Futuro

Para el futuro, observa si la raíz del verbo termina en vocal o en consonante, y añade las siguientes terminaciones a la raíz del verbo:

Raíz terminada en	Informal	Cortés	Cortés con -시 (si)	Formal
Vocal	-ㄹ 거야 (-l geoya)	-ㄹ 거예요 (-l geoyeyo)	-실 거예요 (-sil geoyeyo)	-ㄹ 겁니다 (-l geomnida)
Consonante	-을 거야 (-eul geoya)	-을 거예요 (-eul geoyeyo)	-으실 거예요 (-eusil geoyeyo)	-을 겁니다 (eul-geomnida)

Para nuestros tres verbos representados, sería así:

Verbo	Informal	Cortés	Cortés con -시 (si)	Formal
가다	갈 거야 (gal geoya)	갈 거예요 (gal geoyeyo)	가실 거예요 (gasil geoyeyo)	갈 것입니다 (gal geosimnida)
하다	할 거야 (hal geoya)	할 거예요 (hal geoyeyo)	하실 거예요 (hasil geoyeyo)	할 것입니다 (hal geosimnida)
먹다	먹을 거야 (meogeul geoya)	먹을 거예요 (meogeul geoyeyo)	드실 거예요 (deusil geoyeyo)	먹을 것입니다 (meogeul geosimnida)

Ejemplos (forma cortés):

- 저는 학교에 갈 거예요. (Jeoneun hakgyoe gal geoyeyo.) - Yo iré a la escuela.
- 저는 숙제를 할 거예요. (Jeoneun sukjereul hal geoyeyo.) - Yo haré la tarea.
- 저는 밥을 먹을 거예요. (Jeoneun bapeul meogeul geoyeyo.) - Yo comeré (mi comida).

현재진행형 (hyeonjaejinhaenghyeong)/Presente progresivo

La forma presente progresivo (o continuo) expresa una acción que está ocurriendo en ese momento. Es la más fácil de conjugar. Solo tienes que añadir lo siguiente a la raíz del verbo:

Informal	Cortés	Cortés con -시 (si)	Formal
-고 있어 (-go isseo)	-고 있어요 (-go isseoyo)	-시고 계세요 (-sigo gyeseyo)	-고 있습니다 (-go itseumnida)

Este es muy sencillo:

Verbo	Informal	Cortés	Cortés con -시 (si)	Formal
가다	가고 있어 (gago isseo)	가고 있어요 (gago isseoyo)	가시고 계세요 (gasigo gyeseyo)	가고 있습니다 (gago itseumnida)
하다	하고 있어 (hago isseo)	하고 있어요 (hago isseoyo)	하시고 계세요 (hasigo gyeseyo)	하고 있습니다 (hago itseumnida)
먹다	먹고 있어 (meokgo isseo)	먹고 있어요 (meokgo isseoyo)	드시고 계세요 (deusigo gyeseyo)	먹고 있습니다 (meokgo itseumnida)

Ejemplos (forma cortés):

- 저는 학교에 가고 있어요. (Jeoneun hakgyoe gago isseoyo.) - Yo estoy yendo a la escuela.
- 저는 숙제를 하고 있어요. (Jeoneun sukjereul hago isseoyo.) - Yo estoy haciendo los deberes.
- 저는 밥을 먹고 있어요. (Jeoneun bapeul meokgo isseoyo.) - Yo estoy comiendo (mi comida).

명령형 (myeongnyeonghyeong)/Forma imperativa (¡hazlo!)

Las formas imperativas se utilizan para expresar órdenes como «¡Canta!» o «¡Corre!».

Para los imperativos, solo tienes que añadir las siguientes terminaciones a la raíz del verbo según la última vocal de la raíz:

Última vocal	Informal	Cortés	Cortés con -시 (si)	Formal
ㅏ ㅗ	-아 (-a)	-아요 (-ayo)	En cualquier caso, raíz terminada en	En cualquier caso, ráiz terminada en
Otras	-어 (-eo)	-어요 (-eoyo)	-vocal: -세요 (-seyo) -consonante: -으세요 (-euseyo)	-vocal: -십시오 (-sipsio) -consonante: -으십시오 (-eusipsio)

Para nuestros tres verbos representativos, se ve así:

Verbo	Informal	Cortés	Cortés con -시 (si)	Formal
가다	가 (ga)	가요 (gayo)	가세요 (gaseyo)	가십시오 (gasipsio)
하다	해 (hae)	하세요 (haseyo)	하세요 (haseyo)	하십시오 (hasipsio)
먹다	먹어 (meogeo)	먹어요 (meogeoyo)	드세요 (deuseyo)	드십시오 (deusipsio)*

Ejemplos (forma cortés):

- 학교에 가세요 (hakgyoe gaseyo) - Ve a la escuela.
- 숙제를 하세요 (sukjereul haseyo) - Haz la tarea.
- 밥/진지* 드세요 (bap/jinji deuseyo) - Come (tu comida).

*진지 (jinji) es una palabra cortés para 밥 (bap), que significa «comida o cuenco de arroz cocido». 진지 se reserva para los miembros mayores de tu familia.

청유형 (cheongyuhyeong)/Propositivo (¡Vamos a ~!)

Las formas propositivas se utilizan para expresar sugerencias y peticiones. Para conjugarlas, añade las siguientes terminaciones a la raíz del verbo según la última vocal de la raíz:

Última vocal	Informal	Cortés	Formal
ㅏ ㅗ ㅛ	-자 (-ja)	-요 (-yo)	En cualquier caso, raíz terminada en -vocal: -ㅂ시다 (-psida)
Otras		-어요 (-eoyo)	-consonante: -읍시다 (-eupsida)

Para nuestros ejemplos habituales:

Verbo	Informal	Cortés	Formal
가다	가자 (gaja)	가요 (gayo)	갑시다 (gapsida)
하다	하자 (haja)	해요 (haeyo)	합시다 (hapsida)
먹다	먹자 (meokja)	먹어요 (meogeoyo)	먹읍시다 (meogeupsida)

Ejemplos (forma cortés):

- 학교에 가요! (hakgyoe gayo) - ¡Vamos a la escuela!
- 숙제를 해요! (sukjereul haeyo) - ¡Hagamos la tarea!
- 밥을 먹어요! (bapeul meogeoyo) - ¡Comamos!

Este es tu resumen de conjugación de los verbos regulares:

Tabla resumen de la conjugación de verbos regulares

Tiempo	Informal	Cortés	Cortés con -시 (si)	Formal
Presente	-아 / 어 (a/eo)	-아요 / 어요 (ayo/eoyo)	-세요 / 으세요 (seyo/euseyo)	-ㅂ니다 / 습니다 (-mnida/seumnida)
Pasado	-았어/ 었어 (asseo/eosseo)	-았어요 / 었어요 (asseoyo/ eosseoyo)	-셨어요 (syeosseoyo)	-았습니다 / 었습니다 (asseumnida/ eosseumnida)
Futuro	-ㄹ 거야 / 을 거야 (l geoya/ eul geoya)	-ㄹ 거예요 / 을 거예요 (l geoyeyo/ eul geoyeyo)	-실 거예요 / 으실 거예요 (sil geoyeyo/ eusil geoyeyo)	-ㄹ 겁니다 / 을 겁니다 (l geomnida/ eul geomnida)
Progresivo	-고 있어 (go isseo)	-고 있어요 (go isseoyo)	-시고 계세요 (sigo gyeseyo)	-고 있습니다 (go itseumnida)
Imperativo	-아 / 어 (a/eo)	-아요 / 어요 (ayo/eoyo)	-세요 / 으세요 (seyo/euseyo)	-십시오 / 으십시오 (-sipsio/eusipsio)
Propositivo	-자 (-ja)	-요 / 어요 (yo/eoyo)	---	-ㅂ시다 / 읍시다 (psida/eupsida)

Un _spotlight_ (조명) sobre 이다 (ida) y 있다 (itda). El coreano tiene verbos que pueden funcionar de forma similar al verbo inglés «to be» (ser o estar), pero se utilizan de forma diferente y dependen del contexto. 이다 (ida) y 있다 (itda) son los dos principales verbos coreanos para «ser», ambos regulares. Te explicamos:

이다 (ida)

Uso: se utiliza para identificar a alguien/algo o describir una cualidad permanente o fundamental de alguien/algo. 이다 se asocia a la pregunta «¿qué es?». La terminación que utilices depende de si el sustantivo precedente termina en consonante o en vocal.

Ejemplo:

- 나는 케이팝 팬**이야**. (Naneun keipap paen-**iya**.) - Yo soy fan del K-pop. (informal)
- 저는 케이팝 팬**이에요**. (Jeoneun keipap paen-**ieyo**.) - Yo soy fan del K-pop. (cortés)
- 저는 케이팝 팬**입니다**. (Jeoneun keipap paen-**imnida**.) - Yo soy fan del K-pop. (formal)
- 이건* 뮤직비디오**야**. (Igeon myujikbidio-**ya**.) - Esto es un vídeo musical. (informal)
- 이건 뮤직비디오**예요**. (Igeon myujikbidio-**yeyo**.) - Esto es un vídeo musical. (cortés)

- 이건 뮤직비디오**입니다**. (Igeon myujikbidio-**imnida**.) - Esto es un vídeo musical. (formal)

*이건 *(igeon) es una versión abreviada de* 이것은 *(igeos-eun). La primera se utiliza con más frecuencia. Este último es un pronombre demostrativo con partícula temática.*

이다, «ser», es un verbo de enlace, que conecta el sujeto con un sustantivo o un adjetivo. No existen las formas presente progresivo, imperativo ni propositivo. A continuación encontrarás todo lo que necesitas saber:

Tiempo	Informal	Cortés	Cortés con -시 (si)	Formal
Presente	sustantivo terminado en consonante: 이야 (iya) vocal: 야 (ya)	sustantivo terminado en C: 이에요 (ieyo) V: 예요 (yeyo)	sustantivo terminado en C: 이세요 (iseyo) V: 세요 (seyo)	입니다 (imnida)
Pasado	sustantivo terminado en C: 이었어 (ieosseo) V: 였어 (yeosseo)	sustantivo terminado en C: 이었어요 (ieosseoyo) V: 였어요 (yeosseoyo)	sustantivo terminado en C: 이셨어요 (isyeosseoyo) V: 셨어요 (syeosseoyo)	sustantivo terminado en C: 이었습니다 (ieosseumnida) V: 였습니다 (yeosseumnida)
Futuro	일 거야 (il geoya)	일 거예요 (il geoyeyo)	sistantito terminado en C: 이실 거예요 (isil geoyeyo) V: 실 거예요 (sil geoyeyo)	일 것입니다 (il geosimnida)

있다 (itda)

Uso: se utiliza para indicar existencia o presencia. Se asocia a la pregunta «¿dónde está?». 있다 también puede significar «tener».

Ejemplo:

- 나 집에 **있어**. (Na jibe **isseo**) - Yo estoy en casa / «Yo existo en casa». (Informal)
- 저는 집에 **있어요**. (Jeo-neun jibe **isseoyo**) - Yo estoy en casa. (Cortés)
- 저는 집에 **있습니다**. (Jeo-neun jibe **itseumnida**) - Yo estoy en casa. (Formal)
- 그는 누나가 **있어**. (Geu-neun nuna-ga **isseo**) - Él tiene una hermana mayor / «Existe una hermana mayor para él». (Informal)

- 그는 누나가 **있어요**. (Geu-neun nuna-ga **isseoyo**) -Él tiene una hermana mayor. (Cortés)
- 그는 누나가 **있습니다**. (Geu-neun nuna-ga **itseumnida**) - Él tiene una hermana mayor. (Formal)

있다 se considera un verbo normal, pero al igual que 하다, es un verbo tan importante que su conjugación requiere atención especial:

Tiempo	Informal	Cortés	Cortés con -시 (si)	Formal
Presente	있어 (isseo)	있어요 (isseoyo)	계세요 (gyeseyo)	있습니다 (itseumnida)
Pasado	있었어 (isseosseo)	있었어요 (isseosseoyo)	계셨어요 (gyesyeosseoyo)	있었습니다 (isseotseumnida)
Futuro	있을 거야 (isseul geoya)	있을 거예요 (isseul geoyeyo)	계실 거예요 (gyesil geoyeyo)	있을 것입니다 (isseul
Progresivo	있고 있어 (itgo isseo)	있고 있어요 (itgo isseoyo)	---	---
Imperativo	있어 (isseo)	있어 (isseo)	계세요 (gyeseyo)	---
Propositivo	있자 (itja)	있어요 (isseoyo)	---	---

CONJUGACIÓN DE VERBOS IRREGULARES

En coreano hay varios tipos de conjugaciones verbales irregulares. Suelen producirse en la consonante final de la raíz verbal cuando va seguida de una terminación vocálica. Aunque no es necesario que las conozcas todas, es importante que sepas que existen. Estos son los principales tipos de patrones irregulares de conjugación verbal:

1. Verbos irregulares ㅅ (ㅅ 불규칙 동사)

- Cuando la consonante final de la raíz verbal es ㅅ, suele desaparecer antes de una vocal.
- **Ejemplo:** 붓다 (verter) se convierte en 부어요 (bueoyo) en presente.

2. Verbos irregulares ㄷ (ㄷ 불규칙 동사)

- Cuando la consonante final de la raíz verbal es ㄷ, cambia a ㄹ ante una vocal.
- **Ejemplo:** 듣다 (escuchar) se convierte en 들어요 (deureoyo) en presente.

3. Verbos irregulares ㅂ (ㅂ 불규칙 동사)

- Cuando la consonante final de la raíz verbal es ㅂ, cambia a 오 o 우 ante una vocal.
- **Ejemplo:** 돕다 (ayudar) se convierte en 도와요 (dowayo) en presente.

4. Verbos irregulares ㅡ (ㅡ 불규칙 동사)

- Cuando la raíz del verbo termina en ㅡ, se suprime la ㅡ y la vocal anterior determina la conjugación.
- **Ejemplo:** 잠그다 (cerrar con llave) se convierte en 잠가요 (jamgayo) en presente.

5. Verbos irregulares 르 (르 불규칙 동사)

- Cuando la raíz del verbo termina en 르, se añade una ㄹ adicional, y 르 cambia a 라 o 러 antes de una vocal.
- **Ejemplo:** 자르다 (cortar) se convierte en 잘라요 (jallayo) en presente.

VERBOS MODALES COMUNES

Los «verbos modales» son aquellos que puedes utilizar para modificar verbos y expresar capacidades, posibilidades, permisos, obligaciones y otros conceptos, como «poder (posibilidad y permiso)», «deber» y «tener que». Aquí tienes sus equivalentes en coreano:

1. 할 수 있다 (hal su itda) - Poder

Esta frase significa «poder» o «ser capaz de», indicando capacidad o posibilidad. 할 수 있다 significa literalmente «hacer-posibilidad-existe».

Estructura:

- Raíz verbal + -을 수 있다 (-eul su itda) - si la raíz verbal acaba en consonante
- Raíz verbal + -ㄹ 수 있다 (-l su itda) - si la raíz verbal acaba en vocal
- Para todos los verbos 하다 (hada), sustituye 하다 por 할 수 있다 (hal su itda)

Ejemplos:

- 한국어를 읽을 수 있어요. (Hangugeo-reul ilgeul **su isseoyo**.) - (Yo) puedo leer coreano.
- 내일 만날 수 있어요. (Naeil manna-l **su isseoyo**.) - (Yo) puedo verte/reunirme mañana.
- 노래할 수 있어요. (Norae**hal su isseoyo**.) - (Yo) puedo cantar.

2. 해도 되다 (haedo doeda) - Poder (permiso)

Esta frase se utiliza para pedir o dar permiso, de forma similar a «may» en inglés. 되다 significa «llegar a ser» o «estar permitido».

Estructura:

- Raíz verbal + -아도되다 (-ado doeda) - si la última vocal de la raíz verbal es ㅏ o ㅗ.
- Raíz verbal + -어도되다 (-eodo doeda) - si la última vocal de la raíz verbal es cualquier otra vocal.
- Raíz verbal + -여도 되다 (-aedo doeda) - si la raíz verbal acaba en 하. Esto se convierte en 해도 되다 (haedo doeda) debido a la contracción, y todos los verbos 하다 siguen este patrón.

되다 (doeda) es un verbo que significa «convertirse» o «tener permiso». Tienes que saber conjugarlo para poder utilizarlo correctamente. Es un verbo irregular que sigue el siguiente conjunto de reglas:

Tense	Informal	Polite	Formal
Present	돼 (dwae)	돼요 (dwaeyo)	됩니다 (doemnida)
Past	됐어 (dwaesseo)	됐어요 (dwaesseoyo)	됐습니다 (dwaesseumnida)
Future	될 거야 (doel geoya)	될 거예요 (doel geoyeyo)	될 것입니다 (doel geosimnida)
Progressive	---	---	---
Imperative	돼 (dwae)	되세요 (doeseyo)	되십시오 (doesipsio)
Propositive	---	---	---

Ejemplos (forma cortés):

- 지금 가도 돼요. (Jigeum g**ado dwaeyo**.) - Ya puedes irte.
- 여기서 먹어도 돼요. (Yeogiseo meog-**eodo dwaeyo**.) - Puedes comer aquí.

- 여기서 연습**해도 돼요?** (Yeogiseo yeonseup-**haedo dwaeyo?**) - ¿Puedo practicar aquí?

3. 해야 하다 / 해야 되다 (haeya hada / haeya doeda) - Deber

Para usa para expresar obligación o responsabilidad. La construcción que se utiliza es -아 / 어 / 여야 하다 o -아 / 어 / 여야 되다. Ambas formas se utilizan habitualmente y a menudo pueden ser intercambiables.

Estructura:

- Raíz verbal + **-아야 하다/되다** (-aya hada / doeda) - si la última vocal de la raíz verbal es ㅏ o ㅗ.
- Raíz verbal + **-어야 하다/되다** (-eoya hada / doeda) - si la última vocal de la raíz verbal es cualquier otra vocal.
- Raíz verbal + **-여야 하다/되다** (-eoya hada / doeda) - si la raíz verbal termina en 하. Se convierte en **해야 하다/되다** (-haeya hada / doeda) debido a la contracción. Todos los verbos 하다 siguen este patrón.

Ejemplos (forma cortés):

- 지금 가야 **해요.** (Jigeum gaya**haeyo.**) - (Yo) debo irme ya.
- 지금 가야 **돼요.** (Jigeum gaya**dwaeyo.**) - (Yo) tengo que irme ya.
- 아침을 먹어야 **해요.** (Achim-eul meog-eoya**haeyo.**) - (Yo) debo desayunar.
- 아침을 먹어야 **돼요.** (Achim-eul meog-eoya**dwaeyo.**) - (Yo) tengo que desayunar.
- 숙제를 해야 **해요.** (Sukjereul **haeya haeyo.**) - (Yo) debo hacer la tarea.
- 숙제를 해야 **돼요.** (Sukjereul **haeya dwaeyo.**) - (Yo) tengo que hacer los deberes.

Ten en cuenta que la forma - 아 / 어 / 여야 하다 también puede utilizarse para expresar «debería» o recomendación firme, según el contexto.

(Consulta en el Apéndice la lista de verbos esenciales).

Aprender a conjugar los verbos requiere tiempo y práctica, pero si te esfuerzas constantemente, pronto sabrás cómo utilizar verbos para relacionarte con otras personas de la comunidad K-pop.

SEIS
ADJETIVOS Y ADVERBIOS
EL BLING

AL IGUAL QUE LOS VERBOS, los adjetivos son necesarios para expresar acciones. Estos desempeñan un papel fundamental en la descripción de personas, lugares y cosas, en *cualquier* idioma, incluido el coreano. Los adverbios también transmiten intensidad y textura a descripciones de acciones que, de otro modo, serían poco expresivas, al decirnos *cómo* alguien está haciendo algo. Tanto los adjetivos como los adverbios añaden profundidad y matices, permitiéndote expresarte con mayor riqueza.

En el mundo del K-pop, los adjetivos son especialmente importantes para describir las cualidades únicas de tus ídolos favoritos o transmitir las emociones evocadas por una actuación impactante. Ya sea que quieras describir el aspecto de tu *bias* como si quieres hablar sobre las canciones del último lanzamiento, aprender a usar adjetivos coreanos es clave para comunicarte con éxito.

Este capítulo explica los conceptos básicos del uso de adjetivos y adverbios en las frases coreanas y sus patrones de conjugación.

형용사 (HYEONGYONGSA) - ADJETIVOS

Probablemente ya sepas que los adjetivos describen las cualidades o estados de los sustantivos. Puede que no lo hayas pensado así, pero incluso en español, los adjetivos se utilizan de la siguiente forma:

1. La estrella del drama K **es guapo.** - K-드라마 스타는 잘생겼어
요. (K-deurama seutaneun **jalsaenggyeosseoyo.**)
2. El hombre **guapo** es una estrella del K-drama. - 잘생긴 남자는
K-드라마 스타예요. (**Jalsaenggin** namjaneun K-deurama
seutayeyo.)

En el primer ejemplo, el adjetivo «guapo», junto con el verbo «es» que
lo precede, aparecen al final de la frase. Es decir es el «**predicado**» (o
verbos descriptivos). Por tanto, «es guapo» es un predicado.

En la segunda frase, el mismo adjetivo «guapo» simplemente modifi-
ca/describe al sustantivo, es decir, «hombre». Se llaman «**adjetivos
atributivos**» y, aunque no los conjugamos como los verbos, sí los
modificamos.

Estructura básica

Los adjetivos coreanos suelen terminar en **-다 (-da)** en su forma base (o
«forma de diccionario»), igual que los infinitivos de los verbos.

Ejemplos de adjetivos comunes:

- 작다 (**jakda**) - ser pequeño
- 크다 (**keuda**) - ser grande
- 예쁘다 (**yeppeuda**) - ser bonita
- 빠르다 (**ppareuda**) - ser rápido
- 느리다 (**neurida**) - ser lento

Al igual que los verbos, cuando se utilizan como predicados, deben
conjugarse según el tiempo y la formalidad de la frase. Primero debes
quitar la 다 y añadir las terminaciones adecuadas a la raíz. Para los
adjetivos atributivos, los que van delante de los sustantivos, se toma la
misma raíz y se añade ㄴ (n) o 은 (eun).

Conjugación regular de predicados (verbo de enlace + adjetivo):

Una vez más, al igual que los verbos, hay adjetivos regulares que
siguen reglas predecibles y adjetivos irregulares que cambian un poco.
Pero la gran noticia es que las reglas de conjugación de los adjetivos
regulares son casi exactamente las mismas que las de los verbos
regulares.

Compara la siguiente tabla con la Tabla resumen de la conjugación de
los verbos regulares del último capítulo (pág. 72 en los libros
impresos):

Tiempo	Informal	Cortés	Formal
Presente	-아 /어 (a/eo)	-아요/어요 (ayo/eoyo)	-ㅂ니다 /습니다 (-mnida/seumnida)
Pasado	-았어/었어 (asseo/eosseo)	-았어요/었어요 (asseoyo/eosseoyo)	-았습니다/었습니다 (asseumnida/eosseumnida)
Futuro	-ㄹ 거야/을 거야 (l geoya/eul geoya)	-ㄹ 거예요/을 거예요 (l geoyeyo/eul geoyeyo)	-ㄹ 겁니다/을 겁니다 (l geomnida/eul geomnida)
Progresivo	-고 있어 (go isseo)	-고 있어요 (go isseoyo)	-고 있습니다 (go itseumnida)
Imperativo	-아 /어 (a/eo)	-아요/어요 (ayo/eoyo)	-아십시오/어십시오 (-asipsio/eosipsio)
Propositivo	-자 (-ja)	-요/어요 (yo/eoyo)	-ㅂ시다/읍시다 (psida/eupsida)

Adjetivos irregulares como predicado:

Algunos adjetivos son «irregulares» y tienen sus propias reglas basadas en las terminaciones de sus raíces. Estos son algunos a los que debes prestar atención:

1. ㅂ irregular

Cuando la raíz termina en ㅂ, cambia a 우 antes de una vocal.

-가깝다 (gakkapda) - estar cerca

- Presente: 가까워요 (gakkaweoyo)
- Pasado: 가까웠어요 (gakkaweosseoyo)
- Futuro: 가까울 거예요 (gakkaul geoyeyo)

2. ㅅ irregular

Cuando la raíz termina en ㅅ, la ㅅ se elimina antes de ciertas terminaciones.

-낫다 (natda) - estar mejor

- Presente: 나아요 (na-ayo)
- Pasado: 나았어요 (na-asseoyo)
- Futuro: 나을 거예요 (naeul geoyeyo)

3. 르 irregular

Cuando la raíz del verbo termina en 르, se añade una ㄹ adicional, y 르 cambia a 라 o 러 antes de una vocal.

-다르다 (dareuda) - ser diferente

- Presente: 달라요 (dallayo)
- Pasado: 달랐어요 (dallasseoyo)
- Futuro: 다를 거예요 (dareul geoyeyo)

Forma adjetiva atributiva/descriptiva

Como lo mencionamos anteriormente, cuando un adjetivo acompaña a un sustantivo, adopta una forma atributiva. Esta forma varía, una vez más, según la terminación de la raíz del adjetivo.

Reglas generales:

1. Raíz terminada en vocal — Para los adjetivos cuya raíz termina en vocal, añade -ㄴ (n).

Ejemplo A: **느리다 (neurida)** - ser lento

- Raíz: 느리 (neuri)
- Forma atributiva: 느린 (neuri-**n**)
- Ejemplo de uso: 느린 자동차 (neuri**n** jadongcha) - automóvil lento

Ejemplo B: **특별하다 (teukbyeolhada)** - ser especial (y los adjetivos terminados en 하다)

- Raíz: 특별하 (teukbyeolha)
- Forma atributiva: 특별한 (teukbyeolha-**n**)
- Ejemplo de uso: 특별한 공연 (teukbyeolha**n** gongyeon) - un espectáculo/*performance* especial

2. Raíz terminada en consonante — Para los adjetivos cuya raíz termina en consonante, se añade -은 (-eun).

Ejemplo: **작다 (jakda)** - ser pequeño

- Raíz: 작 (jak)
- Forma atributiva: 작은 (jag-**eun**)
- Ejemplo de uso: 작은 방 (jag-**eun** bang) - habitación pequeña

Adjetivos atributivos irregulares:

1. ㅂ irregular: - Cuando la raíz termina en ㅂ, cambia a 운.

Ejemplo: **귀엽다 (gwiyeopda)** - ser bonito

- Raíz: 귀엽 (gwiyeop)
- Forma atributiva: 귀여운 (gwiyeo**un**)
- Ejemplo de uso: 귀여운 의상 (gwiyeo**un** uisang) - disfraz bonito

2. ㄹ irregular - Cuando la raíz termina en ㄹ, se suprime la ㄹ y se añade ㄴ.

Ejemplo: **길다 (gilda)** - ser largo

- Raíz: 길 (gil)
- Forma atributiva: 긴 (gi**n**)
- Ejemplo de uso: 긴 머리 (gi**n** meori) - cabello largo

3. ㅎ irregular - Cuando la raíz termina en ㅎ, se suprime la ㅎ y se añade ㄴ.

Ejemplo: **빨갛다 (ppalgata)** - ser rojo

- Raíz: 빨갛 (ppalgat)
- Forma atributiva: 빨간 (ppalga**n**)
- Ejemplo de uso: 빨간 얼굴 (ppalga**n** eolgul) - una cara roja

En resumen:

Base	Significado	Terminación de la raíz	Forma atributiva
느리다 (neurida)	ser lento	vocal	느린 (neuri-n)
작다 (jakda)	ser pequeño	consonante	작은 (jag-eun)
귀엽다 (gwiyeopda)	ser *cute*/lindo	consonante ㅂ	귀여운 (gwiyeoun)
길다 (gilda)	ser largo	consonante ㄹ	긴 (gin)
빨갛다 (bbalgata)	ser rojo	consonante ㅎ	빨간 (bbalgan)

부사 (BUSA) - ADVERBIOS

En coreano, los adverbios modifican a los verbos, adjetivos u otros adverbios, y aportan más información sobre cómo, cuándo, dónde o en qué medida ocurre algo.

Formación de los adverbios

Para formar adverbios, sigue un par de reglas sencillas:

Adverbios 히 (hi): si quieres convertir un adjetivo terminado en 하다 en un adverbio, simplemente sustituye la 하다 por 히 (hi).

Ejemplo: 조용하다 (joyonghada) — ser callado

- Adverbio: 조용히 (joyonghi) — calladamente
- Ejemplo de uso: 조용히 웃었어요. (joyonghi useosseoyo.) — (tema omitido) sonrió calladamente.

Adverbios 게 (ge): forma adverbios con otros adjetivos añadiendo -게 (ge) a la raíz del adjetivo, de forma parecida a como añadirías «mente» a muchos adjetivos en español para formar adverbios.

Ejemplo: 아름답다 (areumdapda) - hermosa

- Adverbio: 아름답게 (areumdap-ge) — hermosamente
- Ejemplo de uso: 아름답게 노래해요. (Areumdapge noraehaeyo.) — (sujeto omitido) canta hermosamente.

(Ten en cuenta que en coreano el adverbio siempre va antes del verbo, mientras que en español un adverbio puede ir antes o después del verbo).

Adverbios de grado

Además, hay otros adverbios especiales que no se forman a partir de adjetivos. Los siguientes adverbios modifican a los adjetivos y a otros adverbios para transmitir la intensidad o el grado con que describen una acción, un estado o una cualidad.

1. 매우 (mae-u) y 아주 (aju) — muy; 매우 es un poco más literario que 아주

Ejemplos:

- 노래를 매우 잘 불러요. (Noraereul **maeu** jal bulleoyo) - (sujeto omitido) canta muy bien.
- 그 사람은 일을 아주 열심히 해요. (Geu saram-eun ireul **aju** yeolsimhi haeyo) - Trabaja muy duro.

2. 정말 (jeongmal) y 진짜 (jinjja) — realmente/verdaderamente; 진짜 (jinjja) se utiliza muy frecuentemente, ya que es versátil y expresivo, como «realmente» en español.

Ejemplos:

- 너 **정말** 많이 먹었어. (Neo **jeongmal** mani meogeosseo) - Realmente comiste mucho.
- 기차가 **진짜** 빨라요. (Gichaga **jinjja** ppallayo) - El tren es realmente rápido.

3. 너무 (neomu) — también, demasiado

Ejemplo:

- 너무 늦었어요. (**Neomu** neujeosseo) - (Nosotros) llegamos demasiado tarde.

4. 꽤 (kkwae) — bastante

Ejemplo:

- 그 사람은 노래를 **꽤** 잘해요. (Geu saram-eun noraereul **kkwae** jalhaeyo) - Él/ella canta bastante bien.

5. 조금 (jogeum) /좀 (jom)* — un poco, algo; *좀 es una versión abreviada de 조금.

Ejemplo:

- 이거 **좀** 도와줄래? (Igeo **jom** dowajullae?) - ¿Puedes ayudarme un poco?

6. 더 (deo) — más

Ejemplo:

- **더** 발전된 (**deo** baljeondoen) — más avanzado

7. 가장 (gajang) y 제일 (jeil) — el más; 가장 (gajang) es un poco más formal y literario que 제일 (jeil)

Ejemplos:

- **가장** 재능 있는 (**gajang** jaeneung inneun) — más talentoso
- **제일** 빠른 (**jeil** ppareun) - más rápido

(En el próximo capítulo profundizaremos en las oraciones comparativas y superlativas).

Los adjetivos y adverbios son herramientas poderosas en las conversaciones. Si aprendes a utilizarlos, podrás construir frases más complejas y precisas.

(Consulta el Apéndice para conocer más adjetivos y adverbios útiles).

SIETE
MÁS ESTRUCTURAS DE ORACIONES
NEGATIVAS Y PREGUNTAS

¿ADIVINA QUÉ? Ya sabes lo suficiente para formar frases simples y afirmativas como «Stray Kids produce sus propias canciones» y «Hwasa es muy sexy». Veamos cómo:

- 스트레이 키즈는 노래를 직접 작곡해요. *(Seuteurei Kijeu-neun norae-reul jikjeop jakgokhaeyo) - Stray Kids-partícula su canción-partícula directamente componen.*
- 화사는 진짜 섹시해요. *(Hwasa-neun jinjja seksihada) - Hwasa-partícula muy sexy es.*

Ahora, en este capítulo, aprenderás a formar frases negativas, como «Yo no canto» o «Ella no es rapera» y frases interrogativas como «¿Bailas?» o «¿Es productor?». También iremos más allá de las preguntas de sí/no y aprenderemos a preguntar qué, quién, cuándo, dónde, cuál y cómo. 준비됐어? (junbi dwaesseo) - ¿Estás preparado?

ORACIONES NEGATIVAS

La negación en las frases coreanas puede expresarse de varias formas. Los dos métodos más comunes son utilizar 안 **(an)** y -지 않다 **(-ji anta)**. Cada método tiene sus matices y contextos preferidos. Te explicamos cómo funciona cada uno:

Uso de 안 **(an)**

La partícula 안 **(an)** se coloca *delante* del verbo o adjetivo conjugado para negarlo. Este método es sencillo y se utiliza habitualmente en las conversaciones cotidianas.

Estructura: 안 + verbo/adverbio

Ejemplos:

1. Presente:

-하다 **(hada) - hacer** → 안 해요 **(an haeyo)** - Yo no hago.

-먹다 **(meokda) - comer** → 안 먹어요 **(an meogeoyo)** - Yo no como.

-가다 **(gada) - ir** → 안 가요 **(an gayo)** - Yo no voy.

2. Pasado:

-하다 **(hada) - hacer**→ 안 했어요 **(an haesseoyo)** - Yo no hice.

-먹다 **(meokda) - comer** → 안 먹었어요 **(an meogeosseoyo)** - Yo no comí.

-가다 **(gada) - ir** → 안 갔어요 **(an gasseoyo)** - Yo no fui.

<u>Uso de -지 않다 (-ji anta)</u>

Para hacer la negación, une **-지 않다 (-ji anta)** a la raíz del verbo. 않다 **(anta)** es un verbo coreano que significa «no», y se utiliza para convertir en negativo otros verbos y adjetivos, indicando que una acción o estado no ocurre o no existe. Esta forma es ligeramente más formal y puede utilizarse tanto en coreano escrito como hablado.

Debes conjugar 않다 siguiendo las reglas de conjugación normales.

Estructura: raíz verbal + -지 않다 (-ji anta)

Ejemplos:

1. Presente:

-하다 **(hada) - hacer** → 하지 않아요 **(haji anayo)** - Yo no hago.

-먹다 **(meokda) - comer** → 먹지 않아요 **(meokji anayo)** - Yo no como.

-가다 **(gada) - ir** → 가지 않아요 **(gaji anayo)** - Yo no voy.

2. Pasado:

-하다 **(hada) - hacer** → 하지 않았어요 **(haji anasseoyo)** - Yo no hago.

-먹다 (meokda) - comer → 먹지 않았어요 (meokji anasseoyo) - Yo no como.

-가다 (gada) - ir → 가지 않았어요 (gaji anasseoyo) - Yo no voy.

Aquí tienes la tabla resumen de las reglas de conjugación para 않다:

Tiempo	Informal	Cortés	Cortés con -시 (si)	Formal
Presente	않아 (ana)	않아요 (anayo)	않으세요 (aneuseyo)	않습니다 (anseumnida)
Pasado	않았어 (anasseo)	않았어요 (anasseoyo)	않으셨어요 (aneusyeosseoyo)	않았습니다 (anasseumnida)
Futuro	않을 거야 (aneul geoya)	않을 거예요 (aneul geoyeyo)	않으실 거예요 (aneusil geoyeyo)	않을 것입니다 (aneul geosimnida)

안 vs. -지 않다 Comparación

La diferencia se resume en lo siguiente:

- 안 (an): simple y de uso común en conversaciones cotidianas. Es menos formal y directo.
- - 지않다 (-ji anta): más formal y puede utilizarse tanto en contextos orales como escritos.

Imperativo negativo

Cuando quieras prohibir a alguien hacer algo, utiliza -지 마 (ji ma) en contextos informales o -지 마세요 (ji maseyo) para contextos de cortesía.

Estructura: raíz verbal + -지 마 (ji ma) o - 지 마세요 (ji maseyo)

Ejemplos (cortés):

-하다 (hada) - hacer → 하지 마세요 (haji maseyo) - (Por favor) no lo hagas.

-먹다 (meokda) - comer → 먹지 마세요 (meokji maseyo) - (Por favor) no comas.

-가다 (gada) - ir → 가지 마세요 (gaji maseyo) - (Por favor) no vayas.

Propositivo negativo

Cuando aconsejes o persuadas a alguien para que no haga algo, utiliza -지 말자 (ji malja). Ten en cuenta que este sufijo solo se utiliza en contextos informales entre compañeros o amigos. (Para contextos de cortesía o formales, lo expresarías de forma más indirecta para suavizar el tono).

Estructura: raíz verbal + **-지 말자 (ji malja)**

Ejemplos (informal):

-하다 **(hada) - hacer** → 하지 말자 **(haji malja)** - No lo hagamos.

-먹다 **(meokda) - comer** → 먹지 말자 **(meokji malja)** - No comamos.

-가다 **(gada) - ir** → 가지 말자 **(gaji malja)** - No vayamos.

VERBOS MODALES EN NEGATIVO

Para formar la estructura negativa de los verbos modales en coreano debes utilizar la forma negativa de la construcción del verbo modal. Estos son los verbos modales clave «no puede (posibilidad / capacidad / permiso)», «no debe», y sus respectivos estructuras y ejemplos.

1. -ㄹ/을 수 없다 (-l/eul su eopda) - No poder (capacidad/posibilidad)

Para expresar incapacidad o imposibilidad, utiliza la estructura -ㄹ / 을 수 없다.

Estructura:

- raíz verbal + -을 수 없다 (-eul su eopda) — si la raíz del verbo termina en consonante
- raíz verbal + -ㄹ 수 없다 (-l su eopda) — si la raíz del verbo termina en vocal
- Para todos los verbos 하다, sustituye 하다 por 할 수 없어 (-hal su eopda)

없다 (eopda) es un verbo regular que sigue las siguientes reglas:

Tiempo	Informal	Cortés	Cortés con 시 (si)	Formal
Presente	없어 (eopseo)	없어요 (eopseoyo)	없으세요 (eopseuseyo)	없습니다 (eopseumnida)
Pasado	없었어 (eopseosseo)	없었어요 (eopseosseoyo)	없으셨어요 (eopseusyeosseoyo)	없었습니다 (eopseotseumnida)
Futuro	없을 거야 (eopseul geoya)	없을 거예요 (eopseul geoyeyo)	없으실 거예요 (eopseusil geoyeyo)	없을 것입니다 (eopseul geosimnida)

Ejemplos (forma cortés):

- 새 앨범을 구할 **수 없어요.** (Sae aelbeomeul guhal **su eopseoyo.**) — No puedo encontrar / conseguir el nuevo álbum.
- 내일 만날 **수 없어요.** (Naeil manna-l **su eopseoyo.**) — No puedo reunirme mañana.

Una alternativa más fácil: 못 **(mot)** también significa «no puede».

Solo tienes que colocarlo antes del verbo, como en español. Por ejemplo, 못 먹어요 (**mot** meogeoyo) significa «no puede comer» o «incapaz de comer».

Sin embargo, 못 es ligeramente diferente a -ㄹ / 을 수 없다 cuando describe habilidades y capacidad. En este contexto, 못 implica «no bien». Por ejemplo, 노래 못 해요 (norae mot haeyo) significa «no puede cantar (bien)», pero no quiere decir que sean físicamente incapaces de cantar.

2. 하면 안 되다 (ha-myeon an doeda) - No puedo/no debo

Para expresar prohibición, como en «no puedes» o «no debes», utiliza la estructura -으면 안 되다 (eumyeon an doeda) o -면 안 되다 (myeon an doeda). 면 (myeon), partícula que significa «si (condicional)», en combinación con 안 되다, expresa prohibición.

Estructura:

- **raíz verbal + -으면 안 되다 (-eumyeon an doeda)** — si la raíz del verbo termina en consonante
- **raíz verbal + -면 안 되다 (-myeon an doeda)** — si la raíz del verbo termina en vocal, incluidos los verbos 하다.

Ejemplos:

- 여기서 뭐 먹**으면 안 돼요.** (Yeogiseo mwo meog**eumyeon an dwaeyo.**) —No puedes comer aquí.
- 지금 가**면 안 돼요.** (Jigeumga**myeon an dwaeyo.**) —No puedes irte ahora.
- 여기서 연습하**면 안 돼요.** (Yeogiseo yeonseup-ha**myeon an dwaeyo.**) —No puedes practicar aquí.
- 거짓말하**면 안 돼요.** (Geojinmal-ha**myeon an dwaeyo.**) —No debes mentir.

FORMAS INTERROGATIVAS

En coreano, las formas interrogativas (preguntas) se forman de distintas maneras dependiendo de si haces una pregunta de sí/no o utilizas palabras interrogativas como «qué», «quién», «cuándo», «dónde» y «cómo». En ambos tipos de preguntas, recuerda que a menudo se omite el sujeto. Esto es especialmente cierto con «tú» cuando se formula una pregunta directamente acerca de alguien, «tú» casi siempre se omite.

Veamos un desglose:

예/아니요 질문 (ye/aniyo jilmun) - Preguntas sí/no

Formular preguntas de sí/no en coreano es muy fácil. Solo tienes que seguir estos pasos:

Uso de signos de interrogación y entonación interrogativa

Las preguntas sí/no pueden formarse utilizando el mismo orden de palabras que las afirmaciones, pero añadiendo un signo de interrogación al escribir o una entonación interrogativa al hablar. Este método se utiliza sobre todo en las formas informales y de cortesía.

Ejemplo (forma cortés):

- **Afirmación**: 그는 래퍼예요. (Geuneun raeppeo-yeyo.) - Él es rapero.
- **Pregunta**: 그는 래퍼예요? (Geuneun raeppeo-yeyo?) - ¿Él es rapero?

Uso de partículas interrogativas

También puedes formar preguntas si añades varias terminaciones a la frase que varían según el contexto, la relación hablante-oyente y el nivel de cortesía. Estas son las más importantes que debes conocer:

**Terminaciones para preguntas informales:** se utilizan entre amigos íntimos, compañeros o en situaciones casuales. Transmiten una sensación de familiaridad y franqueza.

1. -니 (ni)

Uso: utilizado habitualmente por los adultos mayores cuando hablan con alguien más joven (por ejemplo, la madre a su hijo).

Connotación: amigable, suave y ligeramente literario (este final lo verías a menudo en un libro de cuentos para niños).

Ejemplos:

- 어디 가니? (Eodi ga**ni**?) - ¿Adónde vas?
- 뭐 하니? (Mwo ha**ni**?) - ¿Qué estás haciendo?

2. -냐 (nya)

Uso: se utiliza más entre amigos íntimos

Connotación: desenfadado, casual, directo, ligeramente tosco

Ejemplos:

- 어디 가냐? (Eodi ga**nya**?) - ¿Adónde vas?
- 뭐 하냐? (Mwo ha**nya**?) - ¿Qué estás haciendo?

3. -까 (-kka)

Uso: se utiliza para proponer una actividad o pedir opiniones entre amigos.

Connotación: amigable y casual

Ejemplos:

- 같이 갈까? (Gachi gal**kka**?) - ¿Vamos juntos?
- 뭐 할까? (Mwo hal**kka**?) - ¿Qué hacemos?

4. -지 (-ji)

Uso: se utiliza para hacer preguntas de forma abierta. Suele sonar como si el hablante pensara en voz alta o hablara consigo mismo. Cuando se dice a otra persona, esta terminación sugiere sugerencias, pero no espera respuestas.

Ejemplos:

- 어디 가지? (Eodi ga**ji**?) - ¿A dónde debo/debemos ir?
- 뭐 하지? (Mwo ha**ji**?) - ¿Qué voy/vamos a hacer?

**Terminaciones para preguntas de cortesía:** se utilizan en las conversaciones cotidianas para mostrar cortesía sin ser excesivamente formal. Son adecuados para la mayoría de las interacciones sociales.

1. -세요 (-seyo)

Uso: se utiliza para mostrar curiosidad o cortesía sin ser demasiado formal.

Connotación: amable e inquisitivo.

Ejemplos:

- 어디 가**세요?** (Eodi ga**seyo**?) - ¿Adónde vas?
- 뭐 하**세요?** (Mwo ha**seyo**?) - ¿Qué estás haciendo?

2. -까요 (-kkayo)

Uso: se utiliza para ofrecer, sugerir o confirmar educadamente.

Connotación: cortés y tentativo

Ejemplo:

- 같이 갈**까요?** (Gachi gal**kkayo**?) - ¿Deberíamos ir juntos?
- 이거 할**까요?** (Igeo hal**kkayo**?) - ¿Deberíamos hacerlo?

Terminanciones para preguntas formales: se utiliza en algunos discursos públicos o en entornos estrictamente jerárquicos. Suena demasiado rígido y rara vez se utiliza en las conversaciones cotidianas.

-ㅂ니까(-mnikka) / 습니까 (-seumnikka) / 십니까 (-simnikka)

Uso: a menudo se utiliza en ámbitos como la asamblea nacional, los tribunales y el ejército.

Connotación: muy formal y respetuoso

Ejemplos:

- 어디 가**십니까?** (Eodi ga**simnikka**?) - ¿Adónde va, señor / señora?
- 무엇을 하**십니까?** (Mueoseul ha**simnikka**?) - ¿Qué está haciendo, señor / señora?

Sí y no en el idioma coreano

Ahora, veamos cómo responder sí / no a las preguntas en coreano, ya que es un poco diferente a otros idiomas.

Existen varias formas de decir «sí» y «no» en coreano, según el contexto y el nivel de formalidad. Estas son las expresiones más comunes:

Si:

1. 예 (ye)/네 (ne): Son las formas educadas más comunes de decir «sí» en coreano. 네 puede usarse en casi cualquier situación, incluso cuando quieres decir «de nada». Esto es lo que debes hacer.

2. 응 (eung): Es una forma informal de decir «sí» a tus amigos y familiares, similar a «sip» o «ajá» en español. Cuando 응 se pronuncia más fuerte, se convierte en 어 (eo), que es aún más informal y se utiliza normalmente entre amigos muy íntimos.

3. 맞아요 (majayo): Significa «así es» o «es correcto» y se utiliza para dar la razón a alguien o confirmar una afirmación.

No:

1. 아니요 (aniyo): Es la forma más común y educada de decir «no» en coreano.

2. 아니 (ani): Es una forma informal de decir «no» y se suele utilizar en conversaciones informales con amigos o familiares.

3. 안 돼요 (an dwaeyo): Significa «no se puede hacer» o «no es posible» y se utiliza para expresar imposibilidad o prohibición.

4. 아니에요 (ani-eyo): Significa «no es eso» o «no es el caso» y se utiliza para estar en desacuerdo con alguien o corregir una afirmación.

Si no estás seguro de cuál utilizar, la regla general es utilizar expresiones de cortesía como 네 y 아니요 cuando hables con alguien a quien no conozcas muy bien.

Nota sobre cómo responder a las preguntas sí/no en coreano. Podrías pensar que responder a preguntas de sí/no es obvio: un sí es un sí y un no es un no, ¡pero no es tan sencillo! Al igual que en otros idiomas asiáticos, en coreano la respuesta depende de cómo se formule la pregunta. Veamos algunos ejemplos:

Ejemplo 1: Supongamos que sabes que Lisa es tailandesa. Si alguien pregunta...

P: 리사는 태국 사람이에요? (Lisa-neun taeguk saram-ieyo?) - ¿Lisa es tailandesa? Tú responderías...

R: 네, 리사는 태국 사람이에요. (Ne, Lisa-neun taeguk saram-ieyo) - Sí, Lisa es tailandesa.

Por otro lado, si alguien pregunta...

P: 리사는 태국 사람 아니죠*? (¿Lisa-neun taeguk saram anijyo?) - ¿Lisa no es tailandesa? Entonces responderías...

R: 아니요, 리사는 태국 사람이에요. (Aniyo, Lisa-neun taeguk saram-ieyo) - **No**, Lisa *es* tailandesa.

Ejemplo 2: Sabes que Hyunjin *no* es el Bailarín Principal de su grupo. Así que si alguien pregunta...

P: 현진은 메인 댄서예요? (¿Hyeonjin-eun mein daenseo-yeyo?) - ¿Hyunjin es el bailarín principal? Responderías...

R: 아니요, 현진은 메인 댄서 아니에요. (Aniyo, Hyeonjin-eun mein daenseo anieyo.) - No, Hyunjin *no* es el bailarín principal.

Por otra parte, si alguien pregunta...

P: 현진은 메인 댄서 아니죠*? (¿Hyeonjin-eun mein daenseo anijyo?) - ¿Hyunjin no es el bailarín principal?

R: 네, 현진은 메인 댄서 아니에요. (Ne, Hyeonjin-eun mein daenseo anieyo.) - **Sí**, Hyunjin *no* es el bailarín principal.

죠 (jyo) se añade al final de una afirmación para pedir confirmación. Es comparable a «¿verdad?» o «¿cierto?» en inglés.

En ambos casos, estás afirmando o negando la suposición que hay detrás de la pregunta. ¡Esperamos que esta información no sea confusa!

Preguntas abiertas utilizando expresiones interrogativas

Cuando formulas preguntas «abiertas», es decir, preguntas que no son sí/no —al igual que en español— utilizas palabras interrogativas específicas como «qué» y «cómo». La estructura de la frase suele seguir el orden Sujeto-Objeto-Verbo (SOV), con la palabra interrogativa colocada al principio de la frase o antes del verbo.

Palabras interrogativas comunes:

1. 뭐 **(mwo)** / 무엇 **(mueot)** — Qué
2. 누구 **(nugu)** — Quién
3. 언제 **(eonje)** — Cuando

4. **어디 (eodi)** — Dónde
5. **왜 (wae)** — Por qué
6. **어느 (eoneu)** — Cuál
7. **어떻게 (eotteoke)** — Cómo

Estudiémoslas una por una.

1. 무엇 (muot)/뭐 (mwo) - Qué/cuál:

뭐 es una versión abreviada de 무엇 y se utiliza con más frecuencia. 무엇 casi nunca se utiliza.

-**¿Qué es esto?** - Usa el verbo 이다 (ida), «ser».

Informal: 이게 **뭐**야? (Ige **mwo**ya?)

- 이게 — ¿esto
- 뭐 — qué
- 야? — es?

Cortés: 이게 **뭐**예요? (Ige **mwo**yeyo?)

- 이게 — esto
- 뭐 — qué
- 예요? — es?

-**¿Cuál es tu nombre?** Usa el verbo 이다 (ida), «ser».

Informal: 이름이 **뭐**야? (Ireumi **mwo**ya?)

- 이름 — Nombre
- 이 — partícula de sujeto
- 뭐 — cuál
- 야? — es?

Cortés: 이름이 **뭐**예요? (Ireumi **mwo**yeyo?)

- 이름 — Nombre
- 이 — partícula de sujeto
- 뭐 — cuál
- 예요 — es?

-**¿Qué cambió?** «Qué» es el sujeto de la frase, seguido de un verbo de acción.

Informal: 뭐가 바뀌었어? (**Mwo**ga bakkwieosseo?)

- 뭐 — qué
- 가 — partícula de sujeto
- 바뀌었어? — cambió?

Cortés: 뭐가 바뀌었어요? (**Mwo**ga bakkwieosseoyo?)

- 뭐 — qué
- 가 — partícula de sujeto
- 바뀌었어요? — cambió?

-**¿Qué comes?/¿Qué estás comiendo?** «Qué» es el objeto de la oración. Ten en cuenta que puedes utilizar simplemente el presente en lugar del progresivo, ya que suele quedar claro por el contexto que quieres saber qué están comiendo *ahora*.

Informal: 뭐 먹어? (**Mwo** meogeo?)

- 뭐 — qué
- 먹어?— (tu) comes?

Cortés: 뭐 먹어요? (**Mwo** meogeoyo?)

- 뭐 — qué
- 먹어요? — (usted) come?

Ten en cuenta que, en el habla informal, 뭐 (mwo) se utiliza sin la partícula de objeto.

2. 누가 (nuga), 누구 (nugu) - Quién: Utiliza 누가 cuando «quién» sea el sujeto de la frase, y 누구 cuando sea el objeto de la frase (como «a quién» en español).

-**¿Quién eres?** Usa el verbo 이다 (ida), «ser».

Informal: 누구야? (**Nugu**ya?)

- 누구 — quién
- 야? — es?

Cortés: 누구예요? (**Nugu**yeyo?)

- 누구 — quién
- 예요?— es?

Otra forma cortés: 누구세요*? (**Nugu**seyo?)

- 누구 — quién
- 세요?— es (usted)?

El honorífico 시, que se conjuga 세, muestra respeto al que oye. Por eso, aunque se omita el sujeto de la frase («usted»), el oyente entiende que el discurso va dirigido a él.

Formal: 누구십니까? (**Nugu**simnikka?)

- 누구 — quién
- 십니까?— es (usted)?

-**¿Quién es tu *bias*?** Use el verbo 이다 (ida), «ser».

*Informal:*최애가 누구야? (Choe-ae-ga **nugu**ya?)

- 최애 — bias
- 가 — partícula de sujeto
- 누구 — quién
- 야? — es?

Cortés: 최애가 누구예요? (Choe-ae-ga **nugu**yeyo?)

- 최애 — bias
- 가 — partícula de sujeto
- 누구 — quién
- 예요? — es?

-**¿Quién vino?** «Quién» es el sujeto de la oración.

Informal: 누가 왔어? (**Nuga** wasseo?)

- 누가 — quién (es el sujeto de la oración)
- 왔어? — vino?

Cortés: 누가 왔어요? (**Nuga** wasseoyo?)

- 누가 — quién (es el sujeto de la oración)

- 왔어요? — vino?

-¿Quién te gusta? «Quién» es el objeto de la oración.

Informal: 누구 좋아해? (**Nugu** joahae?)

- 누구 — quién
- 좋아해? — (te) gusta

Cortés: 누구 좋아해요? (**Nugu** joahaeyo?)

- 누구 — quién
- 좋아해요? — (le) gusta?

3. 언제 (eonje) - Cuando:

-¿Cuándo es tu cumpleaños? Usa el verbo 이다 (ida), «ser».

Informal: 생일이 **언제**야? (Saengil-i **eonje**ya?)

- 생일 — (tu) cumpleaños
- 이 — partícula de sujeto
- 언제 — cuando
- 야? — es?

Cortés: 생일이 **언제**예요? (Saengil-i **eonje**yeyo?)

- 생일 — (su) cumpleaños
- 이 — partícula de sujeto
- 언제 — cuando
- 예요? — es?

-¿Cuándo debutaron?

Informal: **언제** 데뷔했어? (**Eonje** debwihaesseo?)

- 언제 — cuando
- 데뷔했어? — (ellos) debutaron?

Cortés: **언제** 데뷔했어요? (**Eonje** debwihaesseoyo?)

- 언제 — cuando
- 데뷔했어요? — (ellos) debutaron?

Formal: **언제** 데뷔했습니까? (**Eonje** debwihaesseumnikka?)

- 언제 — cuando
- 데뷔했습니까? — (ellos) debutaron?

-¿Cuándo vendrán a Estados Unidos?

Informal: **언제** 미국에 올까? (**Eonje** miguge olkka?)

- 언제 — cuando
- 미국 — Estados Unidos
- 에 — partícula de lugar
- 올까? — (ellos) vendrán?

Cortés: **언제** 미국에 올까요? (**Eonje** miguge olkkayo?)

- 언제 — cuándo
- 미국 — Estados Unidos
- 에 — partícula de lugar
- 올까요? — (ellos) vendrán?

4. 어디 (eodi) - Dónde:

-¿**Dónde es el concierto?** Usa el verbo 이다 (ida), «ser».

Informal: 콘서트가 **어디**야? (Konseoteuga **eodi**ya?)

- 콘서트 — concierto
- 가 — partícula de sujeto
- 어디 — dónde
- 야? — es?

Cortés: 콘서트가 **어디**예요? (Konseoteuga **eodi** yeyo?)

- 콘서트 — concierto
- 가 — partícula de sujeto
- 어디 — dónde
- 예요? — es?

-¿De dónde eres?

Informal: **어디**서 왔어? (**Eodi**seo wasseo?)

- 어디 — dónde
- 서 — conector para «de»
- 왔어? — (tú) viniste?

Cortés: **어디**서 왔어요? (**Eodi**seo wasseoyo?)

- 어디 — dónde
- 서 — conector para «de»
- 왔어요? — (usted) vino?

Otra forma cortés: **어디**서 오셨어요*? (**Eodi**seo osyeosseoyo?)

- 어디 — dónde
- 서 — conector para «de»
- 오셨어요? — (usted) vino?

* *El honorífico 시, conjugado como 셨 en pasado, muestra respeto al oyente. En resumen, tanto 왔어요 como 오셨어요 son correctos en este contexto, pero este último es un poco más apropiado.*

Formal: **어디**서 오셨습니까? (**Eodi**seo osyeosseumnikka?)

- 어디 — dónde
- 서 — conector para «de»
- 오셨습니까? — (usted) vino?

-¿Dónde vive él/ella?

Informal: 걔 **어디** 살아? (Gye **eodi** sara?)

- 걔 — él / ella (género neutro, casual)
- 어디 — donde
- 살아? — vive?

Cortés: 걔 **어디** 살아요? (Gye **eodi** sarayo?)

- 걔 — él / ella
- 어디 — dónde
- 살아요?— vive?

5. 왜 (wae) - Por qué:

-¿Por qué van a París?

Informal: 파리에 **왜** 가? (Pari-e **wae** ga?)

- 파리 — París
- 에 — partícula de lugar
- 왜— por qué
- 가? — (ellos) van?

Cortés: 파리에 **왜** 가요? (Pari-e **wae** gayo?)

- 파리 — París
- 에 — partícula de lugar
- 왜— por qué
- 가요? — (ellos) van?

-¿Por qué dejó el equipo?

Informal: **왜** 팀에서 탈퇴했어? (**Wae** timeseo taltoehaesseo?)

- 왜— por qué
- 팀 — equipo
- 에서 — el
- 탈퇴했어? — (él) dejó?

Cortés: **왜** 팀에서 탈퇴했어요? (**Wae** timeseo taltoehaesseoyo?)

- 왜— por qué
- 팀 — equipo
- 에서 — el
- 탈퇴했어요? — (él) dejó?

Formal: **왜** 팀에서 탈퇴했습니까? (**Wae** timeseo taltoehaes-seumnikka?)

- 왜— por qué
- 팀 — equipo
- 에서 — el
- 탈퇴했습니까? — (él) dejó?

6. 어느 (eoneu) - Cuál/qué:

-¿Cuál miembro es el *visual*? Usa el verbo «이다».

Informal: **어느** 멤버가 비주얼이야? (**Eoneu** membeoga bijueoriya?)

- 어느 — Cuál
- 멤버 — miembro
- 가 — partícula de sujeto
- 비주얼 — el *visual*
- 이야? — es?

Cortés: **어느** 멤버가 비주얼이에요? (**Eoneu** membeoga bijueorieyo?)

- 어느 — Cuál
- 멤버 — miembro
- 가 — partícula de sujeto
- 비주얼 — el *visual*
- 이에요? — es?

Formal: **어느** 멤버가 비주얼입니까? (**Eoneu** membeoga bijueo-rimnikka?)

- 어느 — Cuál
- 멤버 — miembro
- 가 — subject particle
- 비주얼 — el visual
- 입니까? — is?

-¿Qué grupo apoyas?

Informal: **어느** 그룹 응원해? (**Eoneu** geurup eungwonhae?)

- 어느 — Qué
- 그룹 — grupo
- 응원해? — (tú) apoyas?

Cortés: **어느** 그룹 응원해요? (**Eoneu** geurup eungwonhaeyo?)

- 어느 — Qué
- 그룹 — grupo
- 응원해요? — (usted) apoya?

Otra forma cortés: **어느** 그룹 응원하세요*? (**Eoneu** geurup eung-wonhaseyo?)

- 어느 — Qué
- 그룹 — grupo

- 응원하세요? — (usted) apoya?

El honorífico 시, conjugado 세 en presente, muestra respeto al oyente.

7. 어떻게 (eotteoke), 어때 (eottae), 어때요 (eottaeyo), 어떻습니까 (eotteosseumnikka) - Cómo:

어떻게 (eotteoke) — Utilízalo para preguntar sobre la manera o el método de hacer algo.

-¿Cómo lo haces?

Informal: **어떻게** 해? (**Eotteoke** hae?)

Cortés: **어떻게** 해요? (**Eotteoke** haeyo?)

Formal: **어떻게** 합니까? (**Eotteoke** hamnikka?)

어때 (eottae), 어때요 (eottaeyo), 어떻습니까 (eotteosseumnikka) — Se utiliza para preguntar por el estado o la calidad de algo.

-¿Cómo es la comida en este lugar/restaurante?

Informal: 이 집 음식 **어때?** (I jip eumsik **eottae**?)

- 이 — Este
- 집 — lugar (Aunque 집 significa literalmente «casa», en este contexto se utiliza muy comúnmente para referirse a «restaurante»).
- 음식 — comida
- 어때? — cómo es?

Cortés: 이 집 음식 **어때요?** (I jip eumsik **eottaeyo**?)

- 이 식당 음식 — La comida en este restaurante
- 어때요? — cómo es?

Formal: 이 식당 음식 **어떻습니까?** (I sikdang eumsik **eotteosseumnikka**?)

- 이 식당 음식 — La comida en este restaurante
- 어떻습니까? — cómo es?

8. Otras formas de decir cómo:

몇 (myeot)

몇 se utiliza para preguntar por la cantidad, normalmente se traduce como «cuántos».

Ejemplos:

- 몇 명이에요? (**Myeot** myeong-ieyo?) — ¿Cuántos son?
- 몇 곡 불렀어요? (**Myeot** gok bulleosseoyo?) — ¿Cuántas canciones interpretaron?
- 몇 시에요? (**Myeot** si-eyo?) — ¿Qué hora es?

얼마나 (eolmana)

얼마나 se utiliza para preguntar sobre la medida, el grado o la cantidad, a menudo se traduce como «cuánto», «cuántos» o «cuán».

- 얼마나 커요? (**Eolmana** keoyo?) - ¿Cuán grande es?
- 얼마나 걸려요? (**Eolmana** geollyeoyo?) - ¿Cuánto tarda?
- 관객 소리가 **얼마나** 컸어요? (Gwangaek soriga **eolmana** keosseoyo?) - ¿Cuán ruidoso fue el público?

얼마 (eolma)

얼마 se utiliza para preguntar sobre el precio o el coste, normalmente se traduce como «cuánto cuesta».

- 이거 **얼마**예요? (Igeo **eolma**-yeyo?) - ¿Cuánto cuesta?
- 티켓 **얼마**였어요? (Tiket **eolma**-yeosseoyo?) - ¿Cuánto costó el boleto?

Bien, ahora que conoces los conceptos básicos, estás listo para ponerlos en práctica. ¿Primer paso? ¡Frases que se dicen en la vida real!

OCHO
FRASES DIARIAS
PARA SITUACIONES COTIDIANAS

COMO PROBABLEMENTE IMAGINAS, es imposible enumerar TODAS las frases que necesitarás para cada una de las posibles situaciones que puedas encontrarte —incluso como turista— en Corea.

Pero nuestra intención es ayudarte a comenzar con el pie derecho:

인사 (INSA) - SALUDOS

1. 안녕하세요 (an-nyeong-ha-se-yo) - Hola (cortés)

2. 잘 가 (jal ga) - Adiós: *Bien-ve* (informal)

3. 안녕 (an-nyeong) - Hola / Adiós (informal)

4. 안녕히 가세요 (annyeonghi gaseyo) - Adiós (se le dice a la persona que se va) (cortés)

5. 안녕히 계세요 (annyeonghi gyeseyo) - Adiós (se le dice a la persona que se queda) (cortés)

6. 다녀오겠습니다 (da-nyeo o-get-seum-ni-da) - Me voy: *me-voy-y-regresaré*. Es una forma educada de despedirse de alguien que te despide, normalmente tus padres. La versión informal 갔다올게 (**gat-daolge**) se utiliza más comúnmente porque la mayoría de las familias utilizan el habla informal para expresar intimidad.

7. 다녀오세요 (da-nyeo-o-se-yo) - Que tengas un buen viaje: *voy-y-*

regreso. Es una forma educada de decir adiós a alguien que se va de casa, normalmente tus padres.

8. 다녀왔습니다 (da-nyeo wass-seum-ni-da) - Ya regresé: *vine-de regreso*. Esta es una frase que dices cuando vuelves a casa.

9. 잘 다녀왔어요? (jal da-nyeo-wass-eo-yo) - Bienvenido a casa: *Bien ido-y-vuelve*. Puedes decir simplemente 왔어? (wass-eo), que significa «¿has venido?», cuando un miembro de tu familia vuelve a casa.

10. 어서 오세요 (eo-seo o-se-yo) - Bienvenido (a una tienda o establecimiento): *Ven rápido*. A veces oirás esto cuando entres en un restaurante.

11. 환영합니다 (hwan-yeong-ham-ni-da) - Bienvenido.

12. 잘 먹겠습니다 (jal meok-get-seum-ni-da) - Comeré bien: es una frase que se dice antes de empezar a comer, parecida a «bon appetit». La expresión implica gratitud hacia la persona que ha preparado la comida.

13. 잘 먹었습니다 (jal meo-geo-sseum-ni-da) - Comí bien: es una frase que se dice al final de una comida.

14. 좋은 아침(이에요) (joe-un a-chim-i-e-yo) - Buenos días

15. 잘 자요 (jal-ja-yo) - Buenas noches: *bien duerme*

16. 건강하세요 (geon-gang-ha-se-yo) - Mantente sano

17. 조심히 가세요 (jo-sim-hi ga-se-yo) - Ve con cuidado

18. 축하합니다 (chuk-ha-ham-ni-da) - Felicidades

19. 생일 축하해요 (saeng-il chuk-ha-hae-yo) - Feliz cumpleaños

20. 메리 크리스마스 (me-ri keu-ri-seu-ma-seu) - Feliz Navidad

21. 새해 복 많이 받으세요 (sae-hae bok mani ba-deu-se-yo) - Feliz Año Nuevo: *Feliz-año-nuevo-bendiciones-muchas-recibir*

소개 (SOGAE) - PRESENTACIÓN PERSONAL

22. 만나서 반가워요 (man-na-seo ban-ga-wo-yo) - Encantado de conocerte

23. 제 이름은 [Nombre] 이에요/예요 (je ireum-eun [Nombre] i-e-yo/ye-yo) - Me llamo [Nombre]

24. 이름이 뭐예요? (I-reum-i mwo-ye-yo?) - ¿Cómo te llamas?: *¿Nombre qué-es?*

25. 저는 [País] 에서 왔어요 (jeo-neun [País] eseo wa-sseo-yo) - Soy de [País]

26. 어디서 왔어요? (eo-di-seo wa-sseo-yo?) - ¿De dónde eres?: *¿De dónde-vienes?*

27. 저는 [미국인]이에요 (jeo-neun [mi-gu-gin] i-e-yo) - Soy [estadounidense]

28. 한국인이에요? (han-gu-gin-i-e-yo?) - ¿Eres coreano?

29. 저는 [Edad] 살이에요 (jeo-neun [Edad] sa-ri-e-yo) - Tengo [Edad] años

30. 몇 살이에요? (myeot sa-ri-e-yo?) - ¿Cuántos años tienes?

31. 저는 [Profesión] 이에요/예요 (jeoneun [Profesión] i-e-yo/ye-yo) - Soy un [Profesión]

32. 무슨 일 하세요? (mu-seun il ha-se-yo?) - ¿Qué haces? *¿Qué-trabajo-haces?*

33. 저는 [nombre del lugar o dirección] 에 살아요 (jeo-neun [nombre del lugar o dirección]ae sa-ra-yo) - Vivo en/en [nombre del lugar o dirección]

34. 어디 살아요? (Eo-di sa-ra-yo?) - ¿Dónde vives?

35. 영어 할 수 있어요? (yeong-eo hal su i-sseo-yo?) - ¿Sabes hablar inglés?

36. 한국어 할 수 있어요? (han-gu-geo hal su i-sseo-yo?) - ¿Sabes hablar coreano?

37. 저는 한국어를 조금 해요 (jeoneun hangugeoreul jogeum haeyo) - Hablo un poco de coreano

감사와 사과 (GAMSAWA SAGWA) - GRATITUD Y DISCULPAS

38. 감사합니다 (gam-sa-ham-ni-da) - Gracias (formal)

39. 고마워요 (go-ma-wo-yo) - Gracias (cortés)

40. 고마워 (go-ma-wo) - Gracias (informal)

41. 정말 감사해요 (jeong-mal gam-sa-hae-yo) - Muchas gracias

42. 아니에요 (anieyo) - No es nada: significa «De nada». (Como alternativa, puedes responder simplemente con 네 (ne), de forma parecida a decir «con gusto» en español cuando alguien te da las gracias)

43. 미안합니다 (mi-an-ham-ni-da) - Lo siento (formal)

44. 미안해요 (mi-an-hae-yo) - Lo siento (cortés)

45. 미안해 (mi-an-hae) - Lo siento (informal)

46. 실례합니다 (sil-lye-ham-ni-da) - Perdona (por interrumpir)

47. 와주셔서 감사합니다 (wa-ju-syeo-seo gam-sa-ham-ni-da) - Gracias por venir

질문 (JILMUN) - PREGUNTAS

48. 이게 뭐예요? (i-ge mwo-ye-yo) - ¿Qué es esto?

49. 뭐 해요? (mwo hae-yo) - ¿Qué haces?

50. 몇 시예요? (myeot si-ye-yo) - ¿Qué hora es?

51. 무슨 일이에요? (mu-seun ir-i-e-yo) - ¿Qué pasa?

52. 무슨 뜻이에요? (mu-seun tteu-si-e-yo) - ¿Qué significa?: *¿Cuál-significado-es?*

53. 무슨 색이에요? (mu-seun sae-gi-e-yo) - ¿De qué color es? *¿Qué color es?*

54. 전화번호 뭐예요? (jeon-hwa-beon-ho mwo-ye-yo) - ¿Cuál es tu número (de teléfono)?: *¿Número (de teléfono) cuál-es?*

55. 잘 지냈어요? (jal ji-nae-sseo-yo) - ¿Cómo te ha ido?

56. 얼마예요? (eol-ma-ye-yo) - ¿Cuánto es?

57. 이거 얼마예요? (i-geo eol-ma-ye-yo) - ¿Cuánto es esto?

58. 날씨가 어때요? (nal-ssi-ga eo-ttae-yo) - ¿Cómo está el tiempo?: *¿Tiempo-cómo-está?*

59. 언제예요? (eon-je-ye-yo) - ¿Cuándo es?: *¿Cuándo es?*

60. 언제 와요? (eon-je wa-yo) - ¿Cuándo vienes? *¿Cuándo vienes?*

61. 화장실 어디에요? (hwa-jang-sil eo-di-e-yo) - ¿Dónde está el baño?: *¿Baño-dónde-está?*

62. 어디 가요? (eo-di ga-yo) - ¿Adónde vas?

63. 왜 그래요? **(wae geu-rae-yo)** - ¿Qué pasa?:*¿Por qué (es) así?*

이해 (IHAE) - COMPRENSIÓN

64. 그러네요 **(geu-reo-ne-yo)** - Ya veo

65. 당연하죠! **(dang-yeon-ha-jyo)** - ¡Por supuesto!

66. 이해했어요 **(i-hae-hae-sseo-yo)** - Entiendo

67. 이해 못했어요 **(i-hae mo-taesseo-yo)** - No lo entiendo

68. 알겠어요 **(al-ge-sseo-yo)** - Lo entiendo; de acuerdo

69. 모르겠어요 **(mo-reu-ge-sseo-yo)** - No lo sé / no estoy seguro

감정, 상태, 그리고 의견 (GAMJEONG, SANGTAE, GEURIGO UIGYEON) - EMOCIONES, ESTADOS Y OPINIONES

70. 슬퍼요 **(seul-peo-yo)** - Estoy triste

71. 기뻐요 **(gi-bbeo-yo)** - Estoy feliz

72. 배고파요 **(bae-go-pa-yo)** - Tengo hambre

73. 목말라요 **(mong-mal-la-yo)** - Tengo sed

74. 배불러요 **(bae-bul-leo-yo)** - Estoy lleno

75. 졸려요 **(jol-lyeo-yo)** - Tengo sueño

76. 피곤해요 **(pi-gon-hae-yo)** - Estoy cansado

77. 아파요 **(a-pa-yo)** - Me duele

78. 걱정 마세요 **(geok-jeong ma-se-yo)** - No te preocupes

79. 기분이 어때요? **(gi-bun-i eo-ttae-yo?)** - ¿Cómo te sientes?

80. 좋아요* **(jo-a-yo)** - Claro, de acuerdo (aprobación) / está bien

81. 좋아해요* **(joahaeyo)** - (Me) gusta alguien / algo

Nota: Una pregunta que nos hacen muy a menudo es: ¿cuál es la diferencia entre 좋아요 (joayo) y 좋아해요 (joahaeyo)? ya que estas dos frases parecen utilizarse indistintamente. Estudiemos ambos casos:

좋아요 (joayo): El sujeto es una cosa o una idea que te atrae en ese momento. Utilizas esta expresión para describir algo como bueno, ideal, delicioso, etc.

Ejemplos:

- P. 새 노래 어때요 (sae norae eottaeyo)? ¿Qué tal es la nueva canción?
- R. 좋아요 (joayo)! ¡Es buena!

- P. 세 시에 만날까요 (sesie mannalkkayo)? ¿Quedamos a las 3?
- R. 좋아요 (joayo)! ¡Sí, claro!

좋아해요 **(joahaeyo):** El sujeto es «yo». Utilizas esta expresión para hablar de tus fuertes preferencias (que no es probable que cambien) o cuando estás enamorado de alguien.

Ejemplos:

- 커피 좋아해요 (keopi joahaeyo). Me gusta el café.
- 베이비몬스터 좋아해요 (beibimonseuteo joahaeyo). Me gusta BABYMONSTER.
- 자전거 타는 거 좋아해요 (jajeongeo taneun geo joahaeyo). Me gusta montar en bici.

82. 싫어요 **(sireo-yo)** - No (rechazo); no me gusta

83. 재미있어요 **(jae-mi i-sseo-yo)** - Es divertido

84. 맛있어요 **(masi-sseo-yo)** - Es delicioso

85. 맛없어요 **(mat-eop-seo-yo)** - No es delicioso

86. 괜찮아요 **(gwaen-chan-a-yo)** - Está bien, no te preocupes

87. 차가워요 **(cha-ga-wo-yo)** - Hace frío - al tacto; cuando algo está frío

88. 뜨거워요 **(tteu-geo-wo-yo)** - Está caliente - al tacto; cuando algo está caliente

89. 추워요 **(chu-wo-yo)** - Hace frío - meteorológicamente

90. 더워요 **(deo-wo-yo)** - Hace calor - meteorológicamente

91. 비가 와요 **(bi-ga wa-yo)** - Llueve *Llega la lluvia*

92. 눈이 와요 **(nuni wa-yo)** - Está nevando: *Llega la nieve*

93. 바람이 불어요 **(ba-rami-bu-reo-yo)** - Hace viento: *Sopla el viento*

94. 날씨가 좋아요 **(nal-ssi-ga jo-a-yo)** - Hace buen tiempo

요청 (YOCHEONG) & 명령 (MYEONGNYEONG) - PETICIONES Y ÓRDENES

En coreano, formar frases de petición es sencillo, solo necesitas usar terminaciones de cortesía. Aquí tienes una guía sobre cómo formar dos tipos de frases de petición: «**Por favor, haz [algo]**» y «**Por favor, no hagas [algo]**».

Por favor haz [algo]

Para pedirle a alguien que haga algo educadamente, utiliza la raíz del verbo + -아/어/여 주세요 (dependiendo de la vocal de la raíz del verbo). Aunque 주세요 deriva del verbo 주다, que significa «dar», no tiene ese significado como verbo auxiliar en una frase de petición. En cambio, funciona como la frase «por favor».

Estructura:

- raíz + 아 주세요 (**a juseyo**) si la raíz termina en ㅏ or ㅗ.
- raíz + 어 주세요 (**eo juseyo**) si la raíz termina en cualquier vocal.
- raíz + 여 주세요 (**yeo juseyo**) si la raíz termina en 하 → **-해 주 세요 (hae juseyo)** debido a la contracción.

Por favor no hagas [algo]

Para pedirle a alguien que no haga algo educadamente, utiliza la raíz del verbo + **-지 마세요 (ji maseyo)**.

Puedes encontrar ejemplos de ambas formas en la siguiente lista de peticiones y órdenes:

95. 저기요 (**jeo-gi-yo**) - Perdona: *Allí* (implica que llamas a alguien que está a cierta distancia)

96. [뭐] 주세요 (**[mwo] juseyo**) - Por favor, dame [algo]: *[Algo] por favor*

97. 계산서 주세요 (**gye-san-seo ju-se-yo**) - Comprueba, por favor

98. 물 좀 주세요 (**mul jom ju-se-yo**) - Dame agua, por favor: *agua algo por favor*

99. 더 주세요 (**deo ju-se-yo**) - Más, por favor

100. 도와주세요 (**do-wa-ju-se-yo**) - Ayúdame, por favor

101. 조용히 해 주세요 (**jo-yong-hi hae ju-se-yo**) - Haz el favor de callarte: *silencio haz por favor*

102. 기다려 주세요 (gi-da-ryeo ju-se-yo) - Por favor, espera

103. 가자! (gaja) - ¡Vamos!: *¡Ve!*

104. ¡[Algo] 가요 (gayo)! - ¡Vamos o hagamos [algo]!: (Cuando un ídolo grita «[Algo] 가요 (gayo)» en el escenario, generalmente significa «¡Vamos!» de forma educada y alentadora. «가요» se utiliza para animar al público e indicar que pasan a la siguiente parte de la representación)

105. 와요 (wa-yo) - Ven (aquí)

106. 같이 가요 (gachi gayo) - Vamos juntos: *juntos vamos*

107. 집에 가요 (jibe gayo) - Let's go home: *Home-to go*

108. 잠시만요 (jam-si-man-yo) - Just a moment: *Moment only*

109. 잠깐만요 (jam-ggan-man-yo) - Just a second: *Second only*

110. 조심하세요 (jo-sim-ha-se-yo) - Be careful

111. 다시 말해 주세요 (da-si mal-hae ju-se-yo) - Please say it again: *Again say please*

112. 천천히 말해 주세요 (cheon-cheon-hi mal-hae ju-se-yo) - Please speak slowly: *Slowly speak please*

113. 가고 싶어요 (ga-go si-peo-yo) - Quiero ir

114. 하고 싶어요 (ha-go si-peo-yo) - Quiero hacer

Ahora que ya hemos cubierto la parte aburrida, ¡es hora de volver a sumergirnos en más diversión K-pop! El siguiente capítulo está dedicado a frases básicas que enriquecerán tu experiencia como fan.

Descarga los archivos pdf y de audio del Capítulo 8 - Frases cotidianas, utilizando el código QR de la Introducción.

NUEVE
FRASES K-POP
LAS 130 MÁS DIVERTIDAS

IMAGINA QUE ESTÁS VIENDO vídeos de tus ídolos favoritos en YouTube: imágenes de conciertos en directo, entrevistas en programas de TV o programas dedicados a los fans en los que ves y oyes a los ídolos hablar con los fans o entre ellos. Después de un rato, notas algunas frases que se repiten con frecuencia.

En este capítulo, estudiaremos esas expresiones que es probable que oigas una y otra vez.

INICIO DE LA FRASE

¿Te has dado cuenta que al principio de una conversación se utilizan ciertas palabras de relleno? Son los equivalentes de «Bueno...» y «Bien, entonces...». Estas son las dos más utilizadas en coreano:

«자, ...» (ja) suele ser una forma de llamar la atención y señalar el comienzo de algo, similar a «Bien», «Bueno» o «Vamos» en español.

Por ejemplo:

- «자, 시작해 볼까요?» (**Ja**, sijakhaebolkkayo?) - «Bueno, entonces, ¿empezamos?»
- «자, 다음 곡으로 넘어가요». (**Ja,** daeum gogeuro neomeogayo.) - «Bien, pasemos a la siguiente canción».

«그래, ...» (geurae) puede traducirse por «De acuerdo», «Muy bien» o «Claro». Se utiliza para confirmar una afirmación, dar la razón a alguien o expresar comprensión.

Por ejemplo:

- «그래, 알겠어». (geurae, algesseo.) - «Vale, ya lo tengo».
- «그래, 맞아». (geurae, maja.) - «Es cierto».

DIMINUTIVOS PARA EXPRESAR AFECTO

¿Alguna vez has observado que los ídolos se llaman entre sí con nombres que suenan ligeramente distintos de sus nombres reales? Eso es porque utilizan «diminutivos». Esta práctica es habitual entre amigos y familiares, y es similar a la forma en que llamamos a Ana «Anita» y a Juan «Juancito». Estas son algunas formas en que lo hacen los coreanos:

1. Añadiendo «- 이» (i): Este sufijo se añade a los nombres que acaban en consonante. Por ejemplo, si alguien se llama 태민 (Taemin), el apodo sería 태민이 (Taemin-i).

2. Añadiendo «- 아/ 야» (a/ya): Para nombres acabados en consonante, usa 아; para nombres acabados en vocal, usa 야. Por ejemplo, 태형 (Tae-hyung) → 태형아 (Tae-hyung-a), y 지수 (Ji-soo) → 지수야 (Ji-soo-ya). Lo oirías cuando el hablante intenta captar la atención de la persona, como en «oye, [nombre de la persona]»

Estos diminutivos se utilizan para mostrar afecto y son especialmente populares entre los fans cuando se refieren a sus ídolos favoritos del K-pop.

LAS 130 FRASES MÁS COMUNES DEL K-POP

A continuación encontrarás las 130 frases más utilizadas por ídolos y fans: en hangul, pronunciación romanizada, traducción al español y, a continuación, *traducción literal en cursiva* para ayudarte a entender cómo está construida la frase.

인사 (INSA) - SALUDOS Y DESPEDIDAS

1. **안녕하세요** (an-nyeong-ha-se-yo) - Hola (cortés): *paz-haz*

2. **안녕** (an-nyeong) - Hola o adiós (informal)

3. 여기 있어요 (yeo-gi i-sseo-yo) - Estoy aquí / Es aquí: *aquí (yo) estoy/aquí (eso) está*

4. 다시 만나요 (da-si man-na-yo) - Volvamos a vernos: *otra vez-vernos*

5. 다음에 봐요 (da-eu-me bwa-yo) - Nos vemos la próxima: *la próxima vez ver*

6. 다음에 만나요 (da-eu-me man-na-yo) - Hasta la próxima vez: *próxima vez ver*

7. 다음에 또 만나요 (da-eu-me tto man-na-yo) - Volvamos a vernos la próxima vez: *la próxima vez, volvamos a vernos*

8. 다음 공연에서 봐요 (da-eum gong-yeon-e-seo bwa-yo) - Te veo (a ti) en el próximo performance: *el próximo performance-te veo*

9. 잘자요 (jal-ja-yo) - Buenas noches: *bien-duerme*

감사와 사랑 (GAMSA WA SARANG) - GRATITUD Y AMOR

10. 사랑합니다 (sa-rang-ham-ni-da) - Te amo / quiero (formal)

11. 사랑해요 (sa-rang-hae-yo) - Te amo / quiero (cortés)

12. 사랑해 (sa-rang-hae) - Te amo / quiero (informal): *amor-hacer*

13. 사랑해, 팬들 (sa-rang-hae, paen-deul) - Los amo / quiero, fans: *amor-hacer, fans*

14. 사랑해요, 여러분 (sa-rang-hae-yo, yeo-reo-bun) - Los quiero a todos: *amor-hacer, a todos*

15. 사랑받고 싶어요 (sa-rang-bat-go si-peo-yo) - Quiero que me quieran: *Amor-recibir (yo) quiero*

16. 감사합니다 (gam-sa-ham-ni-da) - Gracias (formal)

17. 고마워요 (go-ma-wo-yo) - Gracias (cortés)

18. 고마워 (go-ma-wo) - Gracias (informal)

19. 정말 감사해요 (jeong-mal gam-sa-hae-yo) - De verdad, gracias: *de verdad, gracias*

20. 여기 와주셔서 감사합니다 (yeo-gi wa-ju-syeo-seo gam-sa-ham-ni-da) - Gracias por venir: *aquí venir-dar las gracias*

21. 팬 여러분 덕분이에요 (paen yeo-reo-bun deok-bun-i-ye-yo) - Gracias a todos, fans: *fan-todos-gracias-a*

22. 함께해 줘서 고마워요 (ham-kke-hae jwo-seo go-ma-wo-yo) - Gracias por estar con nosotros

격려 (GYEONGNYEO) - ÁNIMO

23. 화이팅! (hwa-it-ing) - ¡Fighting! / ¡(Nosotros/ustedes) podemos hacerlo!

24. 건강하세요 (geon-gang-ha-se-yo) - Mantente sano

25. 힘내세요 (him-nae-se-yo) - Permanece fuerte: *fuerza sacada*

26. 다들 힘내세요 (da-deul him-nae-se-yo) - Todos, permanezcan fuertes

27. 기다려 주세요 (gi-da-ryeo ju-se-yo) - Por favor, espérennos

28. 믿어 주세요 (mi-deo ju-se-yo) - Por favor, cree en nosotros: *cree por favor*

29. 기억해 주세요 (gi-eok-hae ju-se-yo) - Por favor, recuérdanos

30. 응원해 주세요 (eung-won-hae ju-se-yo) - Por favor, apóyanos

31. 앞으로도 잘 부탁드립니다 (ap-eu-ro-do jal bu-tak-deu-rim-ni-da) - Por favor, sigue apoyándonos: *futuro-también-bien-pregunta*

32. 계속 지켜봐 주세요 (gye-sok ji-kyeo-bwa ju-se-yo) - Por favor, sigue sintonizándonos/apoyándonos: *sigue-viendo-dando*

33. 잘 부탁드립니다 (jal bu-tak-deu-rim-ni-da) - Por favor, sigue mirándome con buenos ojos: Esta frase se suele utilizar (aunque no exclusivamente) cuando te reúnes con alguien por primera vez en un entorno profesional, a menudo dirigida a un cliente, un socio, un equipo con el que vas a colaborar o incluso a tus admiradores.

행복 (HAENGBOK) - FELICIDAD

34. 행복하세요 (haeng-bok-ha-se-yo) - Sé feliz: *felicidad-hacer*

35. 기쁩니다 (gi-ppeum-ni-da) - Soy feliz (formal)

36. 기쁘네요 (gi-ppeu-ne-yo) - Estoy feliz (cortés/informal)

37. 오늘 정말 행복해요 (o-neul jeong-mal haeng-bok-hae-yo) - Hoy estoy muy feliz: *hoy-realmente-feliz*

38. 여러분 덕분에 행복해요 (**yeo-reo-bun deok-bu-ne haeng-bok-hae-yo**) - Soy feliz gracias a ustedes/me hacen feliz

39. 감동이에요 (**gam-dong-i-ye-yo**) - Estoy conmovido: *conmovido-estoy*

40. 행복한 하루 되세요 (**haeng-bok-han ha-ru doe-se-yo**) - Que tengas un día feliz: *feliz-día-ser*

공연 (GONGYEON) & 활동 (HWALDONG) - PRESENTACIONES Y ACTIVIDADES

41. 즐기세요 (**jeul-gi-se-yo**) - Disfruta

42. 즐거운 시간 보내세요 (**jeul-geo-un si-gan bo-nae-se-yo**) - Diviértete

43. 준비됐어요 (**jun-bi-dwaess-eo-yo**) - ¿Estás listo?: *¿Listo-estar?*

44. 이 무대를 즐겨주세요 (**i mu-dae-reul jeul-geo-ju-se-yo**) - Por favor, disfruta de este escenario: *este-escenario-disfruta-da*

45. 다음 곡으로 넘어갈게요 (**da-eum go-geu-ro neo-meo-gal-ge-yo**) - Pasaremos a la siguiente canción: Siguiente-canción-a-pasar

46. 열심히 연습했어요 (**yeol-sim-hi yeon-seup-haess-eo-yo**) - Practicamos mucho: *diligentemente-practicamos-hicimos*

47. 즐거웠어요 (**jeul-geo-woss-eo-yo**) - Fue divertido: *divertido-fue*

48. 오늘 즐거웠어요 (**o-neul jeul-geo-wo-sseo-yo**) - Hoy ha sido muy divertido: *hoy muy divertido- fue*

49. 무대에서 봬요 (**mu-dae-eseo bwae-yo**) - Nos vemos en el escenario: *escenario-en-vemos*

50. 하지마 (**haji-ma**) - No lo hagas/Para - *no lo hagas*

51. 농담이에요! (**nong-da-mi-e-yo!**) - ¡Es broma! ¡Es broma!: *¡Broma-es!*

계획 (GYEHOEK) & 약속 (YAKSOK) - PLANES Y PROMESAS

52. 계속 기대해 주세요 (**gye-sok gi-dae-hae ju-se-yo**) - Por favor, sigue esperando: *continuamente-esperar-dar*

53. 열심히 하겠습니다 (**yeol-sim-hi ha-get-seum-ni-da**) - (Yo) trabajaré duro/daré (mi) mayor esfuerzo: *diligentemente-haré*

54. 열심히 노력할게요 (**yeol-sim-hi no-ryeok-hal-ge-yo**) - Me esforzaré al máximo: *diligentemente-esforzarme-haré*

55. 포기하지 않겠어요 (po-gi-ha-ji an-kess-eo-yo) - No me rendiré: *renunciar-no-querer*

56. 계속 열심히 하겠습니다 (gye-sok yeol-sim-hi ha-get-seum-ni-da) - Seguiré trabajando duro: *continuamente-diligentemente-haré*

57. 기대돼요 (gi-dae-dwae-yo) - Lo espero con ilusión: *esperar-hacer*

단결 (DANGYEOL) - UNIDAD

58. 함께해요 (ham-kke-hae-yo) - Hagámoslo juntos / Estemos juntos: *juntos-hacer*

59. 우리 함께해요 (u-ri ham-kke-hae-yo) - Hagámoslo juntos / Estemos juntos

60. 우리 같이 해요 (u-ri ga-chi hae-yo) - Hagámoslo juntos: *nosotros-juntos-hacer*

61. 우린 가족이에요 (u-rin ga-jo-gi-ye-yo) - Somos familia: *nosotros-familia-somos*

칭찬 (CHINGCHAN) - CUMPLIDOS Y ELOGIOS

62. 잘했어요 (jal-haess-eo-yo) - Bien hecho: *Bien hecho*

63. 최고예요 (choe-go-ye-yo) - Esto lo mejor / Tú eres el / la mejor

64. 팬 여러분 최고예요 (paen yeo-reo-bun choe-go-ye-yo) - Fans, son los mejores / Ustedes son los mejores

65. 멋있어요 (meo-si-sseo-yo) - (Tú eres / él o ella es / ellos son) genial(es)

66. 잘생겼어 (jal-saeng-gyeo-sseo) - (Tú eres / él es / ellos son) guapo(s)

67. 예뻐 (ye-ppeo) - (Tú eres / ella es / ellas son) hermosa(s)

68. 웃겨요 (utgyeoyo) - (Tú eres / él es / ellos son) divertidos

69. 정말 섹시해 (jeong-mal sek-si-hae) - (Tú eres / él o ella es / ellos son) muy sexy

70. 정말 재능이 있어요 (jeong-mal jaeneung-i isseoyo) - (Tú eres / él o ella es / son) muy talentoso / a

팬들이 하는 말 (PAENDEURI HANEUN MAL) - FRASES QUE USAN LOS FANS

71. **나도 [이름] 사랑해요! (nado [ireum] saranghaeyo)** -¡Yo también quiero a [nombre]!

72. **최고야! (choegoya)** - ¡Eres el mejor!

73. **대박! (daebak)** - ¡Vaya! ¡OMG! *Gran éxito «big hit*!»(expresión para referirse a algo impactante o asombroso)

74. **컴백 언제야? (keombaek eonjeya)** - ¿Cuándo es el comeback?: *¿Comeback-cuando-es?*

75. **응원해요! (eungwonhaeyo)** - ¡Te apoyo!

76. **짱이야! (jjangiya)** - ¡Esto es lo mejor!; eres el/la mejor

77. **콘서트/팬싸 가고 싶어! (konseoteu/paenssa gago sipeo)** - ¡Quiero ir a un concierto/*fansign*!

78. **노래 좋아! (norae joa)** - ¡La canción es genial!

———

FRASES/TEMAS COMUNES EN LAS LETRAS DEL K-POP

Amor y relaciones

79. **사랑해 (saranghae)** - «Te quiero»

80. **널 사랑해 (neol saranghae)** - «Te quiero» (con énfasis en el objeto de la oración)

81. **네가 좋아 (nega joa)** - «Me gustas»

82. **좋아해 (joahae)** - «Me gustas»

83. **함께 있고 싶어 (hamkke itgo sipeo)** - «Quiero estar contigo»

84. **널 원해 (neol wonhae)** - «Te deseo»

85. **보고 싶어 (bogo sipeo)** - «te extraño» (literalmente, «quiero verte»)

86. **너 없이 못 살아 (neo eopsi mot sara)** - «Sin ti, no puedo vivir»

87. **우리 사랑은 영원해 (uri sarangeun yeongwonhae)** - «Nuestro amor será para siempre»

88. **첫사랑 (cheotsarang)** - «Primer amor»

Ruptura y separación

89. 그리워 (geuriwo) - «Te extraño»

90. 이별 (ibyeol) - Ruptura/separación

91. 기다렸어요 (gi-da-ryeoss-eo-yo) - «He estado esperando»

92. 널 잊을 수 없어 (neol ijeul su eopseo) - «No puedo olvidarte»

93. 다시 돌아와 (dasi dorawa) - «Vuelve otra vez» - *Otra vez vuelve*

94. 왜 떠났어 (wae tteonasseo) - «¿Por qué te fuiste?» - *Por qué fuiste*

95. 널 잊고 싶어 (neol itgo sipeo) - «Quiero olvidarte»

96. 아파 (apa) - «Me duele»

97. 짝사랑 (jjaksarang) - Amor no correspondido: *unilateral-amor*

98. 실연 (siryeon) - Corazón roto: Fallida-relación

Sueños y aspiraciones

99. 꿈을 꿔 (kkumeul kkwo) - «Sueño»

100. 꿈을 꾸고 있어 (kkumeul kkugo isseo) - «Estoy soñando»

101. 니 꿈꿔 (ni kkum-kkwo) - «Sueño contigo»

102. 우린 할 수 있어 (urin hal su isseo) - «Podemos hacerlo»

103. 날아오를 거야 (naraoreul geoya) - «Volaré muy alto»

104. 이뤄질 꿈 (irwojil kkum) - «Un sueño que se hará realidad»

105. 포기하지 마 (pogihaji ma) - «No te rindas»

106. 희망을 가져 (huimangeul gajyeo) - «Ten esperanza»: *esperanza-partícula tener*

107. 목표를 향해 (mokpyoreul hyanghae) - «Hacia la meta»: *meta-partícula hacia*

108. 미래를 향해 (miraereul hyanghae) - «Hacia el futuro»: *futuro-partícula hacia*

Empoderamiento y confianza

109. 난 할 수 있어 (nan hal su isseo) - «Puedo hacerlo»

110. 할 수 있어 (hal su isseo) - «Yo/tú puedes hacerlo»

111. 자신을 믿어 (**jasineul mideo**) - «Cree en ti mismo»

112. 강해져 (**ganghaejyeo**) - «Hazte fuerte»

113. 내 길을 가 (**nae gireul ga**) - «Seguiré mi propio camino»

114. 빛날 거야 (**bitnal geoya**) - «Brillaré»

115. 포기하지 마 (**pogihaji ma**) - «No te rindas»

116. 널 믿어 (**neol mideo**) - «Creo en ti» o «Te creo»

117. 날아올라 (**naraolla**) - «Vuela alto»: *vuela-levántate*

Unidad y compañerismo

118. 너와 나 (**neowa na**) - «Tú y yo»

119. 우린 하나야 (**urin hanaya**) - «Somos uno»

120. 함께 할 거야 (**hamkke hal geoya**) - «Estaremos juntos»

121. 네 곁에 있을게 (**ne gyeote isseulge**) - «Estaré a tu lado»

122. 손을 잡아 (**soneul jaba**) - «Toma mi mano»

123. 우리 함께라면 (**uri hamkkeramyeon**) - «Si estamos juntos»

124. 같이 가자 (**gachi gaja**) - «Vamos juntos»

Juventud y libertad

125. 청춘 (**cheongchun**) - «*Juventud*» - (***Nota especial sobre*** 청춘 - *Formada por* 청, *que significa* «*azul/verde*», *y* 춘, *que significa* «*primavera*», *esta palabra tiene una connotación especial que no tiene una traducción exacta. Se refiere al periodo de la vida que va desde la adolescencia hasta la juventud, caracterizado por una pasión y un crecimiento sin límites. Se describe como una época de exploración y autodescubrimiento y se celebra por su belleza fugaz y sus infinitas posibilidades*).

126. 청춘이야 (**cheongchuniya**) - «*Es la juventud*»

127. 자유롭게 (**ja-yuropge**) - «*Libremente*»

128. 끝까지 달려 (**kkeutkkaji dallyeo**) - «*Corre hasta el final*»

129. 즐겨라 (**jeulgyeora**) - «*Disfrútalo*»

130. 놀자 (**nolja**) - «*Vamos a divertirnos*»

• • •

Ahora que ya conoces estas 130 frases, estás preparado para descifrar el mundo de las letras y entrevistas del K-pop. ¡Te sorprenderá lo mucho que podrás entender!

Descarga tus archivos pdf y de audio del Capítulo 9 - Frases del K-Pop, utilizando el código QR de la Introducción.

DIEZ
LOS TOQUES FINALES
COMPARACIONES, PREPOSICIONES Y CONECTORES

AHORA QUE SABES FORMAR frases afirmativas y negativas sencillas y preguntas, estás listo para tu próximo viaje a Corea. Pero, para lograr una comprensión más detallada del idioma, necesitamos llevar tus habilidades al siguiente nivel. Veamos algunas áreas más.

COMPARACIONES

Cuando te comuniques en coreano, al poco tiempo sentirás la necesidad de hablar de las cualidades relativas de las personas o las cosas. No solo vas a querer decir que algo es grande, sino que también vas a querer aprender cómo decir que A es más grande que B, que A es tan grande como B o que A es el más grande de todos. Echemos un vistazo.

Oraciones comparativas (Más/Menos)

Para expresar que A es más/menos que B, utiliza las siguientes reglas.

Estructura básica:

A는/은/가/이 B보다 (boda) 더 (deo)/덜 (deol) [Adjetivo] — A es más/menos [adjetivo] que B.

- 더 (deo): más
- 덜 (deol): menos
- 보다 (boda): que

Ejemplos de oraciones (forma cortés):

1. 더 (deo) - Más

-(여자)아이들이 엔믹스**보다 더** 인기가 많아요. ((Yeoja) Aideuri Enmikseu-**boda deo** ingiga manayo.) - (G)I-DLE es más popular que NMIXX.

-이 책이 저 책**보다 더** 좋아요. (I chaegi jeo chaek-**boda deo** joayo.) — Este libro es mejor que aquel libro.

-저는 여동생**보다** 신발이 **더** 많아요. (Jeo-**neun** yeodongsaeng-**boda** sinbari **deo** manayo.) — Tengo más zapatos que mi hermana menor.

- 저는 (jeo-neun) — Yo (con la partícula temática)
- 여동생보다 (yeodongsaeng-boda) — que mi hermana menor
- 신발이 (sinbar-i) — zapatos (con partícula de sujeto)
- 더 (deo) — más
- 많아요 (man-ayo) — tengo muchos / hay muchos

2. 덜 (deol) - menos

-이 영화는 저 영화**보다 덜** 재미있어요. (I yeonghwa-**neun** jeo yeonghwa-**boda deol** jaemi-isseoyo.) - Esta película es menos interesante que aquella.

-친구**가** 저**보다 덜** 바빠요. (Chinjuga jeo-**boda deol** bappayo.) - Mi amigo está menos ocupado que yo.

<u>**Oraciones comparativas (Igual que)**</u>

Esta forma se utiliza cuando quieres expresar que A es tan bueno como B.

Estructura básica:

A는/은/가/이 B만큼 (mankeum) + [Adjective] - A es tan [adjetivo] como B.

- **만큼 (mankeum)**: tan...como

Oraciones de ejemplo:

-이 책이 저 책**만큼** 좋아요. (I chaegi jeo chaek-**mankeum** joayo.) — Este libro es tan bueno como aquel.

-블랙핑크는 BTS만큼 유명해요 (Blackpink-**neun** BTS-**mankeum** yumyeonghaeyo) - BLACKPINK es tan famoso como BTS

<u>Oraciones superlativas</u>

Los superlativos expresan una cualidad en su grado máximo. En coreano, puedes formar superlativos utilizando 가장 (**gajang**) o 제일 (**jeil**).

Estructura básica:

A는/은/가/이 가장 (gajang)/제일 (jeil) + [Adjectivo] - A es el más [adjetivo].

- 가장 (**gajang**): Más (literario)
- 제일 (**jeil**): Más (conversational, coloquial)

Oraciones de ejemplo

1. 가장 (gajang) - Más

-이 책**이 가장** 좋아요. (I chae**i gajang** joayo.) — Este es el mejor libro.

-씨엘은 **가장** 멋진 래퍼예요 (ssiel—**eun gajang** meotjin raepeoyeyo) - CL es el rapero más genial.

2. 제일 (jeil) - Más

-그 사람**이 제일** 빨라요. (Geu saram**i jeil** ppallayo.) — Él/ella es el/la más rápido(a).

-이 노래**는** 앨범 중에서 **제일** 인기 있어요 (i norae-**neun** aelbeom jung-aeseo **jeil** ingi isseoyo) - Esta canción es la más popular del álbum.

Diferencias entre 가장 y 제일

- 가장 (**gajang**): Se utiliza a menudo en el lenguaje escrito, en discursos formales y en contextos en los que se prefiere un tono más refinado u oficial.
- 제일 (**jeil**): Se utiliza con más frecuencia en las conversaciones cotidianas. Parece más informal y coloquial.

PREPOSICIONES

Una preposición es una palabra que muestra la relación entre un sustantivo o pronombre y otros elementos de una frase, indicando dirección, lugar, tiempo o modo. Ya hemos estudiado algunas de ellas - 에 (e), 에서 (eseo), 부터 (buteo) y 까지 (kkaji) - en la sección sobre partículas del Capítulo 4, pero aquí tienes algunas más importantes:

1. 위에 (wi-e): Sobre, arriba

- 책상 위에 (chaeksang **wi-e**) - Sobre el escritorio.

2. 아래에/밑에 (arae-e/mit-e): Debajo, bajo

- 책상 아래에 (chaeksang **arae-ae**) - Debajo del escritorio.

3. 옆에 (yeop-e): Junto a, al lado de

- 학교 옆에 (hakgyo **yeop-e**) - Junto a la escuela.

4. 안에 (ane): Dentro de

- 가방 안에 책이 있어요. (Gabang **ane** chaegi isseoyo.) — Hay un libro dentro de la bolsa.

5. 밖에 (bakke): Fuera de

- 집 밖에 고양이가 있어요. (Jib **bakke** goyang-i-ga isseoyo.) — Hay un gato fuera de casa.

6. 앞에 (ap-e): Delante de

- 집 앞에 (jib **ap-e**) - Delante de la casa.

7. 뒤에 (dwi-e): Detrás de

- 집 뒤에 (jib **dwi-e**) - Detrás de la casa.

CONECTANDO ORACIONES

En cualquier idioma, la capacidad de conectar frases e ideas es fundamental para una comunicación eficaz. A medida que avances, necesitarás estructuras gramaticales más avanzadas para expresar ideas complejas de forma clara y fluida.

¿No sería estupendo que pudieras hablar más a fondo de la música, la personalidad o los conciertos de tus ídolos favoritos con otros fans del K-pop? Ser capaz de unir frases te permitirá mantener conversaciones más significativas con otros fans.

Exploremos varias formas de vincular ideas y expresar relaciones entre distintas frases.

Conjunciones y frases de transición

Las conjunciones son palabras que unen cláusulas y/o frases, mientras que las frases de transición ayudan a indicar la relación entre ideas. Estas herramientas son indispensables para hablar con lógica y fluidez.

Estas son algunas conjunciones y frases de transición comunes en coreano:

1. 그래서 (geuraeseo) - Por lo tanto, por eso

- **그래서** 저는 한국어를 열심히 공부해요 (**geuraeseo** jeoneun hangugeoreul yeolsimhi gongbuhaeyo) - Por lo tanto, estudio coreano mucho.

2. 그런데 (geurunde)/하지만 (hajiman) - Pero, sin embargo

- 저는 에스파를 제일 좋아하**는데*** 마마무도 좋아해요 (jeoneun eseupareul jeil joaha**neunde** mamamudo joahaeyo) - Me gusta más Aespa, pero también me gusta MAMAMOO.

* Cuando se colocan entre dos frases, las conjunciones se acortan a -는데 y -지만, y luego se unen a la (primera) raíz verbal.

3. 그리고 (geurigo) - Y, también

- 저는 노래 듣는 것을 좋아하**고*** 춤추는 것도 좋아해요 (jeo-neun norae deutneun geoseul joaha**go** chumchuneun geotdo joahaeyo) - Me gusta escuchar música y también bailar.

*Igual que las dos conjunciones anteriores, 그리고 se acorta a - 고 y luego se une a la raíz del verbo.

4. 때문에 (ttaemunae) - Porque: Esta palabra va *después* de la causa/razón de la acción.

- 저는 K-pop **때문에** 한국 문화에 관심이 생겼어요 (jeo-neun K-pop **ttaemune** hanguk munhwae gwansimi saenggyeosseoyo) - Me interesé por la cultura coreana por el K-pop.

Claúsulas subordinadas y conectores

Las oraciones subordinadas son oraciones dependientes que no pueden considerarse oraciones completas, sino que modifican la oración principal. Proporcionan información adicional o contexto. Por otro lado, los conectores son palabras o frases que se utilizan para introducir oraciones subordinadas e indicar su relación con la oración principal. Echemos un vistazo más de cerca.

Estas son algunas oraciones subordinadas y conectores comunes en coreano:

1. -ㄴ/는다고 (-n/neun dago) - Indica estilo indirecto

- 친구가 내일 콘서트에 **간다고** 했어요 (chinguga naeil konseote **gandago** haesseoyo) - Mi amigo me dijo que mañana irán al concierto.

2. -면 (-myeon) - Indica cláusula condicional

- 열심히 연습하**면** 너도 잘 출 수 있을 거야 (yeolsimhi yeonseupha-**myeon** neodo jal chul su isseul geoya) - Si practicas mucho, también podrás bailar bien.

3. -는 동안 (-neun dongan) - Indica dos o más acciones simultáneas (es decir, mientras, cuando)

- 청소 하**는 동안** 음악을 들어요 (cheongso ha**neun dongan** eumageul deureoyo) - Mientras limpio, escucho música.

Con esto concluímos nuestras lecciones sobre gramática básica coreana. Aunque toma tiempo aprenderlo todo, ahora tienes una base sólida sobre la que construir.

ONCE
AHORA COMIENZA LA VERDADERA DIVERSIÓN

PONGAMOS EN PRÁCTICA LAS HABILIDADES POR LAS QUE TANTO TE HAS ESFORZADO

COMO FAN INCONDICIONAL DEL K-POP, has invertido tiempo y esfuerzo para aprender el idioma y la cultura coreanos. Ahora ha llegado el momento de aplicar tus conocimientos y adentrarte en la experiencia del K-pop.

Presentimos que lo primero que quieres hacer —lo que llevas más tiempo deseando hacer— es cantar tus canciones favoritas, tal y como se supone que deben sonar, con confianza.

COMPRENDER LAS LETRAS DEL K-POP: DESCUBRE EL SIGNIFICADO DE LA MELODÍA

Las letras del K-pop son mucho más que canciones populares: ofrecen una visión de la vida de los artistas, de sus emociones y de la vibrante sociedad coreana.

Pero admitámoslo: descifrar las letras del K-pop puede ser un poco desalentador para los hablantes no nativos. El rápido ritmo, las expresiones idiomáticas y los matices culturales pueden hacerlo casi imposible. ¡Ánimo! Vamos a darte algunas estrategias que te ayudarán a descifrar el código, desde analizar las estructuras de las canciones hasta identificar el vocabulario y los temas principales. También compartiremos algunas herramientas útiles para aprender idiomas y traducir.

Cómo desglosar la estructura de la canción

El primer paso para aprender las letras del K-pop es conocer la estructura típica de las canciones. La mayoría de las canciones siguen un patrón familiar, consistente en verso, estribillo y puente. Reconocer estos elementos puede ayudarte a anticipar temas y vocabulario recurrentes. Esto te permitirá seguir las letras más fácilmente.

1. **Verso.** Aquí empieza la historia; cada miembro muestra sus habilidades vocales o de rap. Los versos pueden contener un lenguaje y una narración más complejos.
2. **Estribillo.** El estribillo es el corazón de la canción: contagioso, repetitivo y expresivo. Transmite el mensaje y suele ser la parte más fácil de cantar.
3. **Puente.** El puente da un giro. Introduce nuevas ideas o emociones con un cambio en la melodía, el tempo o el estado de ánimo. Es el momento en que la canción cambia de rumbo.

Comprender la estructura general nos ayuda a entender mejor la historia. Además, la repetición es tu amiga: reconocer frases repetidas puede ayudarte a identificar temas clave.

Cómo identificar el vocabulario y los temas principales

Las letras del K-pop suelen centrarse en temas y emociones universales. Familiarizarte con estos temas es una gran estrategia si buscas conectar más profundamente con tus canciones favoritas.

1. **Palabras o frases recurrentes:** busca palabras o frases que aparezcan constantemente, como 사랑 (sarang) para «amor», 꿈 (kkum) para «sueño» o 희망 (huimang) para «esperanza». A menudo resaltan el tema central de la canción.
2. **Expresiones emocionales:** las canciones de K-pop comprenden un amplio espectro de emociones, desde la alegría hasta el desamor y la nostalgia. Expresiones como 행복해요 (haengbokhaeyo), que significa «estoy feliz», 슬퍼요 (seulpeoyo), que significa «estoy triste», o 그리워요 (geuriwoyo), que significa «te echo de menos», pueden dar forma al estado de ánimo de la canción.
3. **Referencias culturales:** generalmente, las letras incluyen referencias a la cultura, la historia y los problemas sociales emergentes de Corea. Reconocer términos como 설날 (Seollal), Año Nuevo coreano, o 수능 (Suneung), pruebas de aptitud

similares al SAT en Estados Unidos, aporta un contexto valioso.

<u>Uso de otros recursos</u>

A veces, por mucho que lo intentes, puede que sigas sin entender fragmentos de las letras. Las herramientas de traducción y aprendizaje de idiomas pueden ser tus armas secretas.

1. **Traducciones oficiales:** muchas canciones de K-pop vienen con traducciones oficiales proporcionadas por los artistas o sus agencias. (Solo tienes que buscarlas en Google.) Aunque puede que no capten todos los detalles, te proporcionan una base sólida.
2. **Traducciones de los fans:** la comunidad del K-pop está llena de fans dedicados que comparten sus traducciones en Internet. Pueden ofrecerte diferentes interpretaciones y puntos de vista. Solo recuerda hacer referencias cruzadas para comprobar la exactitud.
3. **Aplicaciones para aprender idiomas:** Duolingo es una de las aplicaciones que ofrece cursos adaptados a los fans del K-pop, que integran las letras de las canciones en sus lecciones. Esto hace que aprender vocabulario y gramática sea divertido y relevante.
4. **Comunidades en línea:** puedes adquirir conocimientos invaluables si participas en comunidades y foros de fans del K-pop. Intercambiar puntos de vista y conocimientos permite crear un entorno de aprendizaje enriquecedor. Sumérgete en los diálogos y no dudes en hacer preguntas.

Ahora estás listo para reproducir tus canciones favoritas, escucharlas activamente y dejar que la música te guíe en una emocionante aventura de descubrimiento lingüístico y cultural.

PRACTICA COREANO CON CANCIONES DE K-POP

Cantar canciones de K-pop es una forma divertida y eficaz de practicar coreano. Te damos algunos consejos para empezar:

<u>Consejos para practicar</u>

1. **Empieza con canciones conocidas.** Elige las canciones que más te gusten y mejor conozcas. Así te resultará más fácil centrarte en la pronunciación y la comprensión.
2. **Utiliza hojas de letras o subtítulos de vídeo.** Busca la letra en hangul y, si está disponible, con romanización.Sitios web como Color Coded Lyrics ofrecen letras y traducciones detalladas. Sigue la letra escrita mientras cantas.Tus ojos y oídos empezarán a conectar los símbolos con los sonidos, y podrás entender lo que oyes con mayor claridad.
3. **Repite y practica.** Canta la canción varias veces. Al principio puede ser abrumador, pero poco a poco irás mejorando. Con la repetición, dominarás bien la pronunciación coreana y aprenderás a leer más rápido.
4. **Descifra la letra.** Di la letra en voz alta antes de cantarla. Esto ayuda a pronunciar con precisión.
5. **Comprende el significado.** Aprende el significado de la letra buscando nuevas palabras y expresiones. Cuando sepas lo que estás diciendo, podrás cantar con todo tu corazón.

Aplicaciones recomendadas

1. **Smule**: esta popular aplicación de karaoke te permite cantar millones de canciones, incluidos éxitos del K-pop. Puedes grabar tus interpretaciones e incluso cantar a dúo con otros usuarios. Smule incluye una función de desplazamiento que te permite seguir la canción más fácilmente.
2. **Kpop Pro**: esta aplicación ofrece una amplia biblioteca de canciones de K-pop en Hangul con romanización y traducción.Cuenta con tecnología inteligente de escucha para obtener información instantánea sobre tu pronunciación e incluye lecciones en vídeo de tutores y entrenadores de K-pop.
3. **SOMESING**: una aplicación de karaoke gratuita con cientos de canciones de K-pop actualizadas a diario. Ofrece sonido de calidad de estudio y te permite cantar en solitario o a dúo con tus amigos. SOMESING también proporciona herramientas para grabar y compartir tus interpretaciones.
4. **StarMaker**: con StarMaker, puedes cantar canciones de karaoke con corrección del tono y efectos vocales en tiempo real. Las letras en movimiento te ayudarán a leer a primera vista.

5. **Canales de YouTube**: canales como TJ Karaoke, Karaoke Stuffs, y Pandeaux ofrecen una variedad de vídeos de karaoke de K-pop con letras en hangul y romanización. Estos canales actualizan con frecuencia su contenido, proporcionando una amplia gama de canciones con las que practicar.

Una vez que incorpores estas herramientas a tu rutina de práctica, verás mejoras en tus habilidades de lectura y pronunciación del coreano. Así que toma tu micrófono, elige tu canción favorita de K-pop y empieza a cantar para mejorar tu coreano.

CÓMO USAR VIDEOS EFECTIVAMENTE

Si eres como los millones de fans del K-pop de todo el mundo, probablemente pases incontables horas en YouTube, inmerso en el contenido de los ídolos: programas de entrevistas, conciertos, clips entre bastidores y vídeos musicales oficiales. Has visto a tus estrellas favoritas interactuar, intercambiar opiniones, bromear y simplemente ser ellas mismas.

Estos vídeos son divertidos, pero pueden ser difíciles de entender. Tus ojos pasan de los subtítulos a las expresiones y el lenguaje corporal de los ídolos, intentando absorber cada detalle. Es una tarea apasionante, pero que puede resultar agotadora.

¿Por qué no utilizar estos vídeos para mejorar tus conocimientos de coreano? Prueba este método:

1. Busca un vídeo que te guste y que tenga subtítulos en coreano. (Puede ser un vídeo musical, pero son mejores los que muestran conversaciones e interacciones).
2. Míralo una vez con subtítulos en español para entender el contenido.
3. Apaga los subtítulos en español y vuelve a verlo, escuchando mientras sigues los subtítulos en coreano.(Advertencia: al principio será difícil).
4. Ajusta la velocidad de reproducción a 0,75, o incluso más lenta, para que puedas seguirla mientras compaginas lo que ves con lo que oyes.
5. Cuando estés preparado, empieza a leer los subtítulos en voz alta con los ídolos. Sigue intentándolo.

A medida que vayas avanzando en el proceso, descubrirás tus debilidades e identificarás aquello en lo que necesitas trabajar. Esfuérzate en esa área e inténtalo de nuevo.

Céntrate en un vídeo a la vez y disfruta: la perfección no es el objetivo. Con la práctica diaria, ¡pronto entenderás más de esos comentarios ingeniosos y chistes internos sin necesidad de traducción!

INTERACTÚA CON LA COMUNIDAD DE FANS

La comunidad del K-pop es un espacio dinámico y acogedor. ¡Conecta con otros fans, comparte tu pasión y crea recuerdos inolvidables!

Frases útiles para expresar opiniones y emociones

Cuando participes en conversaciones de aficionados, ya sea en línea o en persona, es importante que te expreses con claridad y respeto. Tener un repertorio de frases útiles en coreano te ayudará a transmitir tus pensamientos con eficacia.

Estas son algunas frases clave:

1. Creo...: 저는... 생각해요. (Jeoneun... saenggakhaeyo.)

- Utiliza esta frase para expresar tus pensamientos educadamente.

Ejemplo: **저는** 이 노래가 정말 감동적이라고 **생각해요.** (**Jeoneun** i noraega jeongmal gamdongjeogirago **saenggakhaeyo.**) - Creo que esta canción es muy emotiva.

2. En mi opinión...: 제 생각에는... (Je saenggageneun...)

- Utiliza esta frase para expresar tu opinión sobre un tema.

Ejemplo: **제 생각에는** 이 안무가 제일 독특해요. (**Je saenggageneun** i anmuga jeil dokteukhaeyo.) - En mi opinión, esta coreografía es la más única.

3. Yo también lo creo (estoy de acuerdo): 저도 그렇게 생각해요. (Jeodo geureoke saenggakhaeyo.) - *Yo-también-así -pienso.*

- Utiliza esta frase cuando estés de acuerdo con alguien.

Ex: 맞아요, **저도 그렇게 생각해요.** (Majayo, **jeodo geureoke saenggakaeyo.**) — Cierto, yo también lo creo.

4. Me emociona...: ... 너무 기대돼요. (...neomu gidaedwaeyo.)

- Expresa tu emoción y entusiasmo por los próximos acontecimientos o lanzamientos.

Ex: 이번 새 앨범 **너무 기대돼요!** (Ibeon sae aelbeom **neomu gidaed-waeyo**!) - ¡Estoy muy emocionado con este nuevo álbum!

5. Estoy decepcionado: 실망했어요. (Silmanghaesseoyo.)

- Utiliza esta frase para expresar tu decepción o insatisfacción.

Ejemplo: 이번 콘서트에서 제가 좋아하는 노래를 안 불러서 **실망했어요.** (Ibeon konseoteu-eseo jega joahaneun noraereul an bulleoseo **silmang-haesseoyo**.) - Me decepcionó que no cantaran mi canción favorita en este concierto.

6. Estoy feliz/triste: 기뻐요/슬퍼요. (Gippeoyo/Seulpeoyo.)

- Usa esta frase para expresar tus emociones.

Ex: 우리 아이돌이 상을 받아서 정말 **기뻐요!** (Uri aidori sangeul badaseo jeongmal **gippeoyo**!) - ¡Me hace tan feliz que nuestro ídolo haya ganado un premio!

Cómo explorar las comunidades y foros de fans en Internet

Las comunidades de fans y los foros en línea comunican a los entusiastas del K-pop de todo el mundo, permitiéndoles compartir contenido y hablar de sus artistas favoritos. Estos espacios digitales forman una red global muy diversa.

Estas son algunas recomendaciones básicas para interactuar con otros fans:

1. **Respeta las opiniones de los demás.** El fandom del K-pop es diverso, y los fans pueden tener opiniones diversas sobre artistas, canciones y actuaciones. Sé abierto y educado, incluso cuando no estés de acuerdo. Evita los ataques personales.
2. **Aporta contribuciones valiosas.** Comparte tus interpretaciones únicas de canciones, vídeos musicales o actuaciones. Participa en debates constructivos y aporta pruebas que apoyen tus argumentos.
3. **Sigue las normas de la comunidad.** Cada comunidad de fans online tiene su propio conjunto de normas y directrices para mantener un entorno seguro y acogedor para todos los miembros. Familiarízate con las directrices, respeta las

decisiones de los moderadores y denuncia los contenidos inapropiados.

4. **Colabora.** Las comunidades de fans en línea ofrecen oportunidades para colaborar entre sí en diversos proyectos, como fan art, fan fiction o traducciones de canciones. Ofrece tus habilidades y proporciona comentarios constructivos.

5. **Mantente informado.** Utiliza las comunidades para mantenerte al día de las noticias y acontecimientos del K-pop. Sigue fuentes fiables y verifica la información antes de compartirla.

Adéntrate en el apasionante mundo del K-pop, equipado con tu amor por la música, tus conocimientos de coreano y tu deseo de relacionarte con otros fans. Deja que tu pasión brille en tus interacciones y crea recuerdos que durarán toda la vida. ¡La comunidad global del K-pop te espera!

DOCE
HERRAMIENTAS Y AYUDA
CONSTRUYENDO SOBRE LOS CIMIENTOS

UNA COSA ES LEER este libro de principio a fin y entenderlo todo, y otra muy distinta es llegar a interactuar con hablantes nativos.

Ahora, ¿qué sigue? ¿Cómo mejorarás tu vocabulario? ¿Cómo escribirás mensajes a tus favoritos en Bubble o intercambiarás otros con otros fans? En este capítulo, vamos a presentarte algunas herramientas útiles.

Pero lo primero es lo primero: aprendamos a escribir en coreano.

CONFIGURACIÓN DEL TECLADO COREANO

Antes de aprender a escribir en hangul, necesitas el equipo y la configuración adecuados. Lo más probable es que, si no eres coreano, no tengas un ordenador con teclado coreano.

Suponiendo que seas como la mayoría de nosotros y escribas en un teclado QWERTY, tu primer paso es añadir el coreano como «idioma de entrada» en tu ordenador.

Para Windows:

1. Ve a **Ajustes** → **Hora e idioma** → **Región e idioma**
2. Haz clic en **Añadir un idioma**
3. Selecciona **Coreano**
4. Sigue las instrucciones

Una vez configurado el teclado coreano, puedes alternar entre los teclados español y coreano:

1. pulsando la tecla de **Windows** y la **barra espaciadora** a la vez para cambiar de un idioma a otro, o
2. haciendo clic en la opción de idioma de entrada de la barra de tareas y seleccionando **Coreano**

<u>Para Mac:</u>

1. Ve a **Configuración del sistema** → **Teclado** → **Entrada de texto.**
2. Haz clic en editar y pulsa el **botón +** para añadir una nueva entrada
3. Selecciona **Coreano**
4. Selecciona «**2 set-Korean**» («3 set-Korean» es para teclados especializados en coreano, así que probablemente no sea para ti).

Para cambiar de idioma,

1. Pulsa **Comando + Barra espaciadora,** o
2. Haz clic en el icono de opciones de idioma de la esquina superior derecha y selecciona «**2 set-Korean**».

ESCRIBIENDO EN HANGUL

Una vez que tengas tu teclado coreano, estarás listo para empezar a escribir Hangul. En el modo coreano, así es como se asignan las teclas a los caracteres Hangul:

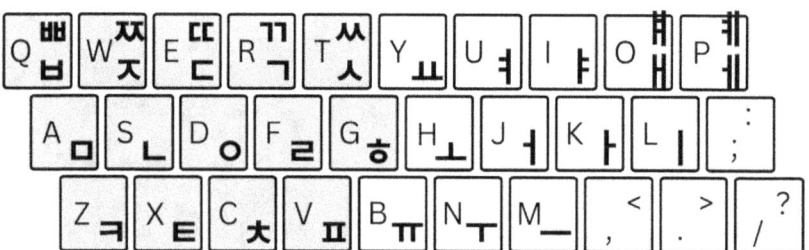

En el modo Coreano, escribe las consonantes y las vocales tal y como aparecen en tu teclado. Observa que todas las consonantes se colocan a la izquierda y las vocales a la derecha. A las consonantes dobles y a los diptongos se accede con la tecla Mayús.

Las sílabas hangul se formarán automáticamente mientras escribes. Por ejemplo, si escribes «ㄱ» y luego «ㅏ» se formará «가», y «ㅎ» , «ㅓ» y «ㄴ " producirán "헌». Sigue el orden básico de izquierda a derecha, de arriba abajo, como se muestra en el siguiente diagrama, y las palabras se irán formando. Es increíblemente sencillo.

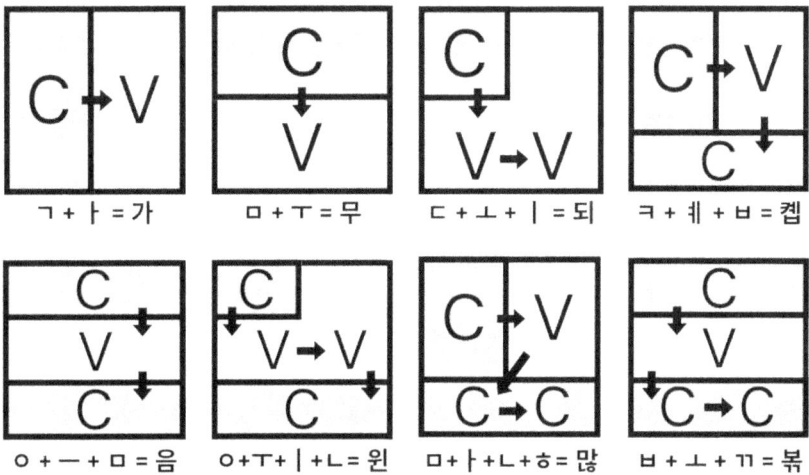

Pero, ¿cómo vas a mantener claras estas tareas básicas? Bueno, te damos tres ideas para el futuro:

1. Memoriza la secuencia representada arriba.
2. Consigue pegatinas que muestren los alfabetos coreano y español para pegarlas en cada tecla.
3. Consigue una cubierta de teclado para colocarla sobre todo el teclado.

Aunque la Opción 1 es una excelente medida, las Opciones 2 y 3 son mucho más prácticas y están disponibles por menos de 10 dólares en Amazon. Tú eliges.

Si, por la razón que sea, no puedes —o no quieres— seguir los pasos anteriores y solo quieres escribir algo en coreano AHORA, visita Branah.com(https://www.branah.com/korean) y ¡empieza a escribir!

Recursos para practicar:

- **Práctica de mecanografía en línea.** Sitios web como 10FastFingers ofrecen ejercicios de mecanografía en coreano para ayudarte a mejorar la velocidad y la precisión.
- **Tutoriales de mecanografía.** Sitios web como 90 Day Korean ofrecen guías detalladas y ejercicios para aprender a escribir en hangul.

ACTIVA EL TECLADO COREANO EN TU TELÉFONO

Para activar el teclado coreano en tu teléfono, sigue estos sencillos pasos:

iPhone:

1. Ve a **Ajustes** → **General** → **Teclado** → **Teclados** → **Añadir nuevo teclado**.
2. Busca **Coreano** → **Estándar**
3. Siempre que quieras escribir en coreano, pulsa el icono del globo terráqueo de la esquina inferior izquierda hasta que aparezca el teclado coreano.

Android:

1. Ve a **Configuración** → **Administración general** → **Configuración del teclado** → **Idiomas y tipos** → **Administrar idiomas de entrada**.
2. Activa el **coreano**

BUSCA PALABRAS EN EL DICCIONARIO

Utilizar un diccionario coreano-español o español-coreano puede ayudarte en tu proceso de aprendizaje. Ahora si somos honestos, estarás de acuerdo que nadie está dispuesto a cargar con un libro tan voluminoso.

Afortunadamente, tenemos todos los recursos que necesitamos al alcance de la mano. Algunos diccionarios y fuentes en línea de confianza son:

- **Diccionario Naver (**https://korean.dict.naver.com/koesdict/#/main **).** Naver ofrece uno de los diccionarios coreano-español en línea más completos.

- **Diccionario del Instituto Nacional de la Lengua Coreana** (https://krdict.korean.go.kr/spa/mainAction). En este sitio web puedes buscar palabras por categoría o aprender la palabra del día.
- **Papago** (https://papago.naver.com/). Esta excelente herramienta de traducción de Naver te ofrece contexto y ejemplos.

Si tu única herramienta para aprender es tu teléfono, aquí tienes lo que necesitas:

- **Aplicación del diccionario de Naver.** Proporciona un cómodo acceso a las mismas funciones que la versión para ordenador.
- **Aplicación Papago.** Ideal para traducir y aprender sobre la marcha.
- **Traductor de Google.** Útil para traducciones rápidas, aunque puede fallar el contexto y a veces proporciona traducciones literales.

Consejos para sacar el mayor provecho de los diccionarios en línea:

1. **Practica la pronunciación.** Utiliza las guías de pronunciación y los ejemplos de audio.
2. **Aprende el contexto.** Estudia frases de ejemplo para entender el contexto correcto.
3. **Practica con regularidad.** Utiliza con frecuencia el diccionario para ampliar tu vocabulario.
4. **Referencia cruzada.** Utiliza varios diccionarios o herramientas de traducción para verificar significados, usos y connotaciones.

OTROS RECURSOS EN LÍNEA PARA APRENDER

La buena noticia es que hay MUCHOS recursos disponibles, la mala es que hay demasiados entre los que elegir. Esta es una lista de recursos comprobados que te ayudarán a empezar:

<u>Sitios web:</u>

1. **Loecsen**
   - loecsen.com ofrece una experiencia de aprendizaje divertida y libre de estrés en la que inviertes 30 minutos de tu día, cinco veces a la semana.

2. **Hablo coreano**
   - hablocoreano.com es una academia fundada en México. Imparten cursos en línea y son impartidos por profesores nativos.
3. **Udemy**
   - Curso de coreano para TOPIK. Aprende coreano desde cero paso a paso y prepárate para el examen oficial de coreano TOPIK 1.
4. **Coreano en línea**
   - coreanoenlinea.com es una comunidad vibrante y apasionada del idioma coreano.
5. **Aprende coreano paso a paso**
   - aprendecoreanopasoapaso.com ofrece cursos gratuitos y otros recursos de audio y video.

Canales de Youtube:

1. **Liry Onni**
   - **Liry Onni** es tu hermana coreana mayor que te enseñará el idioma y todo lo que quieres saber sobre Corea.
2. **ConCorea TV**
   - **ConCoreaTV** te mantendrá informado acerca de Corea del Sur. Podrás aprender sobre el idioma y la cultura coreanos.
3. **Hablo Coreano**
   - **Hablo coreano** ofrece clases de coreano en Zoom y otros recursos que te servirán para aprender el idioma.
4. **Hola82**
   - Hola82 es un canal de entretenimiento diseñado para la audiencia global de Kpop.

Aplicaciones:

1. **Duolingo**
   - duolingo.com es una popular aplicación para aprender idiomas que ofrece un formato divertido y similar a un juego para aprender coreano. Es estupenda para principiantes.
2. **Prepply**
   - **preply.com** ofrece cursos de coreano personalizados, interesantes y asequibles.
3. **LingoDeer**

- lingodeer.com se centra en las lenguas asiáticas, incluido el coreano, y ofrece lecciones estructuradas con explicaciones gramaticales y ejercicios prácticos.
4. **HelloTalk**
   - hellotalk.com es una aplicación de intercambio de idiomas en la que los usuarios pueden practicar coreano con hablantes nativos a través de chats de texto, voz y vídeo.

Libros:

1. *Vamos A Estudiar Coreano: Cuaderno de Práctica Todo en Uno para Gramática, Ortografía, Vocabulario y Comprensión de Lectura con más de 600 Preguntas* de **Bridge Education**
   - El objetivo principal del libro es desarrollar la comprensión completa del idioma, y ayudarte a mejorar en la lectura.
2. *Primeros Pasos en Coreano para Hispanohablantes* de **KyungHee University**
   - Presenta un método sistemático y divertido para aquellos que quieran acercarse por primera vez al estudio de la lengua coreana y su cultura. El libro de texto se divide en tres partes de 20 lecciones cada una.
3. *1001+ Ejercicios español – coreano* de Gilad Soffer
   - Es una colección con más de mil ejercicios seleccionados y organizados en categorías diferentes para enseñar al hispanohablante de una forma práctica el lenguaje coreano.

Comunidades en línea:

1. **Netizen Español - Español**
   - facebook.com es una página dedicada a traducir comentarios y reacciones de distintos foros/portales de Corea respecto al entretenimiento.
2. **HelloTalk**
   - hellotalk.com es una aplicación de intercambio de idiomas en la que puedes ponerte en contacto con hablantes nativos de coreano para practicar coreano conversacional.

K-DRAMAS:

Además de aprender coreano a través de la música, te recomendamos que veas dramas coreanos, si es que aún no lo has hecho.

Apaga los subtítulos en inglés y pon los subtítulos en coreano. Sigue el guión con los ojos mientras escuchas hablar a los personajes: básicamente, haz lo mismo que harías con las canciones de K-pop y sus letras, pero utilizando solo los ojos. De nuevo, al principio te resultará abrumador, pero a medida que sigas haciéndolo, irás mejorando. Te lo prometemos.

Ver dramas coreanos es cada vez más accesible gracias a varios servicios de streaming. Aquí tienes algunas plataformas y métodos populares para ver K-dramas:

Servicios de streaming:

1. **Netflix**
   - Netflix ofrece una amplia selección de K-dramas, a menudo con subtítulos de alta calidad en varios idiomas. Entre los K-dramas más populares de Netflix están «Crash Landing on You», «Itaewon Class» y «Kingdom».
2. **Viki**
   - Viki se especializa en dramas y películas asiáticas, incluida una amplia colección de K-dramas. Ofrece subtítulos proporcionados por la comunidad en muchos idiomas, por lo que es una gran opción para los espectadores internacionales.
3. **Kocowa**
   - Kocowa ofrece K-dramas, programas de variedades y contenidos de K-pop. Es una empresa conjunta de tres grandes cadenas coreanas (KBS, MBC y SBS) y ofrece subtítulos de alta calidad.
4. **Hulu**
   - Hulu tiene una selección de dramas coreanos disponibles en streaming. Es una buena opción si ya tienes una suscripción y quieres explorar algunos contenidos coreanos.
5. **Amazon Prime Video**
   - Amazon Prime Video tiene una selección de K-dramas disponibles, aunque su biblioteca no es tan extensa como la de otras plataformas.

Opciones de streaming gratis:

1. **YouTube**

- Algunos dramas K están disponibles de forma gratuita en YouTube, ya sea a través de canales oficiales o con el permiso de las cadenas. Buscar el título del drama puede llevarte a episodios o clips gratuitos.

2. **Tubi**
   - Tubi es un servicio de streaming gratuito que ofrece una selección de K-dramas con anuncios. Es una buena opción si buscas contenido gratuito.

Televisión por cable:

KBS World

world.kbs.co.kr/ KBS World es un canal de televisión coreano disponible en muchos países. Emite K-dramas con subtítulos en algunos idiomas, a menudo poco después de su emisión en Corea.

Consejos para ver K-Dramas:

- **Comprueba si hay subtítulos.** Asegúrate de que la plataforma ofrece subtítulos en tu idioma preferido.
- **Ve en alta definición.** Para disfrutar de la mejor experiencia, elige plataformas que ofrezcan streaming en alta definición.
- **Explora los géneros.** Hay varios géneros de dramas coreanos: románticos, de suspense, fantásticos e históricos. Explora los distintos géneros para encontrar tus favoritos.
- **Únete a comunidades en línea.** Relaciónate con otros aficionados a los dramas coreanos en foros, grupos de redes sociales y sitios web especializados para debatir y obtener recomendaciones.

Esperamos haberte dado las herramientas que necesitas para empezar. El camino que elijas depende totalmente de tus preferencias personales y de tu nivel de comodidad con las distintas plataformas. Ahora todo depende de ti, así que adelante, sé creativo y ¡diviértete!

아웃트로/**OUTRO**
(¡YA PUEDES LEER ESTO!)

EL APRENDIZAJE de idiomas es un proceso gradual, y se necesita tiempo y práctica para dominar conceptos gramaticales complejos y adquirir un vocabulario amplio. Acepta el desafío, celebra tus progresos y no temas cometer errores. Con dedicación y perseverancia, pronto podrás expresarte en coreano con mayor fluidez y confianza.

Recuerda que los coreanos realmente valoran el esfuerzo cuando los hablantes no nativos aprenden a comunicarse en su idioma, por muy imperfecto y fragmentado que suene. Seguro que los ídolos del K-pop sienten lo mismo cuando salen de gira por todo el mundo e interactúan con sus fans.

No pasa nada si cometes errores. A ellos les da igual. Demuéstrales a tus artistas cuánto los amas. Agita carteles escritos a mano en Hangul y grita cánticos de los fans en coreano. **¡Recibirás su cariño de vuelta!**

부록 - APÉNDICE
추가 어휘 - VOCABULARIO EXTRA

<u>음식-COMIDA</u>

밥 (BAP) - ARROZ

밥 (bap) - Arroz cocido

비빔밥 (bibimbap) - Cuenco de arroz con verduras, carne, huevo y gochujang

돌솥비빔밥 (dolsot bibimbap) - Bibimbap en una olla de piedra caliente

볶음밥 (bokkeum-bap) - Arroz frito

김밥 (gimbap) - Rollitos al estilo coreano

불고기덮밥 (bulgogi deopbap) - Cuenco de arroz con bulgogi

오징어덮밥 (ojingeo deopbap) - Cuenco de arroz con calamares

회덮밥 (hoe deopbap) - Cuenco de arroz con pescado crudo (similar al poke bowl)

알밥 (albap) - Arroz con huevas de pescado

간장계란밥 (ganjang gyeran bap) - Arroz con salsa de soja y huevo frito

잡곡밥 (japgokbap) - Arroz de grano mixto

누룽지 (nurungji) - Arroz chamuscado (que tiene la textura de patatas fritas crujientes)

죽 (JUK) - GACHAS

전복죽 (jeonbok juk) - Gachas de abulón

호박죽 (hobak juk) - Gachas de calabaza

팥죽 (pat juk) - Gachas de frijoles rojos

닭죽 (dak juk) - Gachas de pollo

면요리 (MYEON YORI) - FIDEOS

라면 (ramyeon) - Fideos instantáneos coreanos

냉면 (naeng-myeon) - Fideos fríos

물냉면 (mul naengmyeon) - Un tipo de 냉면, fideos fríos en caldo helado

짜장면 (jja-jang-myeon) - Fideos coreano-chinos con una salsa dulce de pasta de frijoles negros

잡채 (japchae) - Fideos de cristal salteados

칼국수 (kalguksu) - Sopa de fideos cortados a cuchillo

찌개 (JJIGAE) & 국 (GUK) - ESTOFADO Y SOPA

찌개 (jjigae) - Estofado coreano

순두부찌개 (sundubu jjigae) - Estofado de tofu blando

탕 (tang) - Sopa con caldo claro

어묵탕 (eomuk tang) - Sopa de pastel de pescado

감자탕 (gamjatang) - Sopa picante de hueso de cerdo

알탕 (altang) - Sopa picante de huevas de pescado

매운탕 (maeun tang) - Sopa de pescado picante

연포탕 (yeonpotang) - Sopa de marisco, normalmente pulpo, y verduras

콩나물해장국 (kongnamul haejangguk) - Sopa de brotes de soja

청국장 (cheonggukjang) - Guiso de pasta de soja fermentada

고기 요리 (GOGI YORI) - PLATOS CON CARNE

불고기 (bulgogi) - Carne adobada y a la parrilla

소불고기 (sobulgogi) - Carne adobada y a la parrilla

갈비 (galbi) - Costillas de ternera a la parrilla

삼겹살 (samgyeopsal) - Panceta de cerdo a la parrilla

제육볶음 (jeyuk bokkeum) - Cerdo salteado picante.

닭갈비 (dakgalbi) - Pollo salteado picante.

돼지고기 묵은지찜 (dwaejigogi mugeunji jjim) - Cerdo estofado con kimchi.

수육 (suyuk) - Panceta de cerdo hervida

보쌈 (bossam) - Panceta de cerdo hervida con kimchi

떡갈비 (tteokgalbi) - Hamburguesas de costilla a la parrilla

산적 (sanjeok) - Brocheta de carne a la parrilla

곱창 (gopchang) - Intestinos a la parrilla

돈까스 (donkkaseu) - «Tonkatsu». Chuleta de cerdo

햄버거 스테이크 (haembeogeo seuteikeu) - Filete de hamburguesa

해산물 요리 (HAESANMUL YORI) - PLATOS CON MARISCOS

해물 (haemul) - Marisco

해물찜 (haemul jjim) - Marisco picante al vapor

고등어구이 (godeungeo gui) - Caballa a la plancha

생선구이 (saengseon gui) - Pescado a la parrilla

오징어볶음 (ojingeo bokkeum) - Calamares salteados picantes

낙지볶음 (nakji bokkeum) - Pulpo salteado picante

오징어순대 (ojingeo sundae) - Calamares rellenos de fideos de cristal

조개구이 (jogae gui) - Marisco a la plancha

장어구이 (jangeo gui) - Anguila a la parrilla

아구찜 (agu jjim) - Rape estofado picante

해물파스타 (pasta haemul) - Pasta con marisco

간식 (GANSIK) - BOCADILLOS

만두 (mandu) - Bollitos de masa hervida

군만두 (gunmandu) - Bollitos de masa fritos en sartén

호빵 (hoppang) - Panecillos al vapor

떡볶이 (tteokbokki) - Pastelitos de arroz salteados con especias

파전 (pajeon) - Tortitas saladas con cebolla verde

반찬 (BANCHAN) - PLATOS DE ACOMPAÑAMIENTO

김치 (kimchi) - Plato de verduras fermentadas

나물 (namul) - Verduras sazonadas

콩나물무침 (kongnamul muchim) - Brotes de soja sazonados

감자조림 (gamja jorim) - Patatas estofadas

계란말이 (gyeran mari) - Tortilla enrollada

계란찜 (gyeranjjim) - Flan de huevo al vapor

계란후라이 (gyeran hurai) - Huevo frito

장 (JANG) - SALSA FERMENTADA

된장 (doenjang) - Pasta de soja fermentada

고추장 (gochujang) - Pasta de pimiento rojo fermentado

간장 (ganjang) - Salsa de soja

길거리 음식 (GILGEORI EUMSIK) - COMIDA CALLEJERA

핫도그 (hatdogeu) - perritos calientes a la coreana

토스트 (toseuteu) - tostadas a la coreana

샌드위치 (saendeuwichi) - Bocadillo

소떡소떡 (sotteok sotteok) - Pinchos de arroz y salchichas

디저트 (DIJEOTEU) - POSTRE

호떡 (**hotteok**) - Tortitas a la parrilla rellenas de miel

붕어빵 (**bungeoppang**) - Pasta con forma de pescado rellena de frijol rojo

계란빵 (**gyeranppang**) - Pan blando dulce cubierto de huevo

동사 - VERBOS

기본 동사 (GIBON DONGSA) - VERBOS BÁSICOS

하다 (**hada**) - hacer

만들다 (**mandeulda**) - hacer

가다 (**gada**) - ir

오다 (**oda**) - venir

있다 (**itda**) - ser; tener

없다 (**eopda**) - ser; no tener

되다 (**doeda**) - llegar a ser

살다 (**salda**) - vivir

죽다 (**jukda**) - morir

동작 (DONGJAK)- MOVIMIENTOS

앉다 (**anda**) - sentarse

서다 (**seoda**) - estar de pie

달리다 (**dallida**) - correr

걷다 (**geotda**) - caminar

타다 (**tada**) - cabalgar

수영하다 (**suyeonghada**) - nadar

날다 (**nalda**) - volar

여행하다 (**yeohaenghada**) - viajar

출발하다 (**chulbalhada**) - partir

도착하다 (**dochakhada**) - llegar

나가다 (**nagada**) - partir

들어가다 (**deureogada**) - entrar

소통 (SOTONG) - COMUNICACIÓN

말하다 (**malhada**) - hablar

대화하다 (**daehwahada**) - conversar

설명하다 (**seolmyeonghada**) - explicar

가르치다 (**gareuchida**) - enseñar

배우다 (**baeuda**) - aprender

공부하다 (**gongbuhada**) - estudiar

읽다 (**ilkda**) - leer

쓰다 (**sseuda**) - escribir

물어보다 (**mureoboda**) - preguntar

대답하다 (**daedaphada**) - responder

인식 (INSIK) - PERCEPCIÓN

보다 (**boda**) - ver/observar

듣다 (**deutda**) - escuchar/ oír

알다 (**alda**) - saber

모르다 (**moreuda**) - no saber

이해하다 (**ihaehada**) - comprender

기억하다 (**gieokhada**) - recordar

잊다 (**itda**) - olvidar

찾다 (**chatda**) - encontrar/buscar

감정 (GAMJEONG) - EMOCIÓN

사랑하다 (**saranghada**) - amar

싫어하다 (**sireohada**) - disgustar

154

좋아하다 (joahada) - gustar

필요하다 (piryo-hada) - necesitar

필요없다 (piryo-eopda) - no necesitar

원하다 (wonhada) - querer

아프다 (apeuda) - estar enfermo / enfermo

일상 (ILSANG) - RUTINA (ACTIVIDADES DIARIAS)

먹다 (meokda) - comer

마시다 (masida) - beber

자다 (jada) - dormir

꿈꾸다 (kkumkkuda) - soñar

일어나다 (ireonada) - despertarse / levantarse

입다 (ipda) - llevar puesto

벗다 (beotda) - quitarse (la ropa)

씻다 (ssitda) - lavar

목욕하다 (mogyokhada) - bañarse

샤워하다 (syawohada) - ducharse

일 (IL) - TRABAJO

일하다 (ilhada) - trabajar

운전하다 (unjeonhada) - conducir

청소하다 (cheongsohada) - limpiar

요리하다 (yorihada) - cocinar

운동하다 (undonghada) - hacer ejercicio

시작하다 (sijakhada) - empezar

끝나다 (kkeutnada) - terminar

여가 (YEOGA) - TIEMPO LIBRE

만나다 (**mannada**) - reunirse / verse

기다리다 (**gidarida**) - esperar

놀다 (**nolda**) - pasar el rato / divertirse

쉬다 (**swida**) - descansar

전화하다 (**jeonhwahada**) - llamar (por teléfono)

방문하다 (**bangmunhada**) - visitar

초대하다 (**chodaehada**) - invitar

휴가를 보내다 (**hyugareul bonaeda**) - ir de vacaciones

그리다 (**geurida**) - hacer un dibujo

산책하다 (**sanchaekhada**) - dar un paseo

기타 (GITA) - OTROS VERBOS

주다 (**juda**) - dar

받다 (**batda**) - recibir

열다 (**yeolda**) - abrir

닫다 (**datda**) - cerrar

만들다 (**mandeulda**) - hacer

돕다 (**dopda**) - ayudar

사용하다 (**sayonghada**) - usar

짓다 (**jitda**) - construir

긋다 (**geutda**) - trazar una línea

넣다 (**neotda**) - poner

부르다 (**bureuda**) - llamar, cantar

이기다 (**igida**) - ganar

지다 (**jida**) - perder

아이돌 관련 동사 (AI-DOL GWANRYEON DONGSA) - VERBOS RELACIONADOS CON ÍDOLOS DEL K-POP

노래하다 (**noraehada**) - cantar

춤추다 (**chumchuda**) - bailar

랩하다 (**raep-hada**) - rapear

연주하다 (**yeonjuhada**) - tocar un instrumento

작곡하다 (**jakgokhada**) - Componer

가사 쓰다 (**gasa sseuda**) - Escribir letras de canciones

녹음하다 (**nogeumhada**) - Grabar

제작하다 (**jejakhada**) - producir (discos)

안무 짜다 (**anmu jjada**) - coreografiar

연습하다 (**yeonseuphada**) - Practicar

춤연습하다 (**chumyeonseuphada**) - Practicar el baile

리허설하다 (**riheoseolhada**) - ensayar

준비하다 (**junbihada**) - preparar, alistarse

공연하다 (**gongyeonhada**) - Actuar

촬영하다 (**chwaryeonghada**) - Grabar/filmar

데뷔하다 (**debwihada**) - Estrenar

홍보하다 (**hongbohada**) - Promocionar

사인하다 (**sainhada**) - firmar, autografiar

팬사인회하다 (**paensainhoehada**) - Celebrar un evento de firmas de fans

인터뷰하다 (**inteobyuhada**) - Hacer una entrevista

연기하다 (**yeongihada**) - Actuar

음악방송하다 (**eumakbangsonghada**) - Actuar en un espectáculo musical

팬과 소통하다 (**paengwa sotonghada**) - Comunicarse con los fans

농담하다 (**nongdamhada**) - hacer una broma

놀리다 (nollida) - burlarse

팬 관련 동사 (PAEN GWANRYEON DONGSA) - VERBOS RELACIONADOS CON LOS FANS

따르다 (ttareuda) - seguir

응원하다 (eungwonhada) - apoyar, animar

소리치다/소리지르다 (sorichida/sorijireuda) - gritar

외치다 (oechida) - gritar

형용사들 - ADJETIVOS

품질 (PUMJIL) - CUALIDAD

좋다 (jota) - ser bueno

나쁘다 (nappeuda) - ser malo

맞다 (matda) - estar bien / correcto

틀리다 (teullida) - equivocarse

다르다 (dareuda) - ser diferente

같다 (gatda) - ser igual

많다 (manta) - ser muchos, mucho

적다 (jeokda) - ser pocos, poco

비싸다 (bissada) - ser caro

싸다 (ssada) - ser barato

재밌다 (jaemitda) - ser interesante, divertido

재미없다 (jaemieopda) - ser aburrido

쉽다 (swipda) - ser fácil

어렵다 (eoryeopda) - ser difícil

깨끗하다 (kkaekkeuthada) - estar limpio

더럽다 (deoreopda) - estar sucio

능숙하다 (neungsukhada) - ser hábil

뛰어나다 (ttwieonada) - ser excelente

전문적이다 (jeonmunjeogida) - ser experto

재능있다 (jaeneungitda) - tener talento

놀랍다 (nollapda) - ser increíble

시끄럽다 (sikkeureopda) - ser ruidoso

카리스마 있다 (kariseuma itda) - ser carismático

예술적이다 (yesuljeogida) - ser artístico

창피하다 (changpihada) - ser vergonzoso

신체 특성 (SINCHE TEUKSEONG) - RASGOS FÍSICOS

크다 (keuda) - ser grande

작다 (jakda) - ser pequeño

길다 (gilda) - ser largo

짧다 (jjalpda) - ser corto

키가 크다 (kiga keuda) - ser alto

키가 작다 (kiga jakda) - ser bajo (de estatura)

뚱뚱하다 (ttungttunghada) - ser gordo

날씬하다 (nalssinhada) - ser delgado (corporalmente)

마르다 (mareuda) - ser flaco

무겁다 (mugeopda) - ser pesado

가볍다 (gabyeopda) - ser ligero

넓다 (neolda) - ser ancho

좁다 (jobda) - ser estrecho

깊다 (gipda) - ser profundo

얕다 (yatda) - ser superficial

부드럽다 (budeureopda) - ser blando

딱딱하다 (ttakttakada) - ser duro

예쁘다 (yeppeuda) - ser bonita

아름답다 (**areumdapda**) - ser guapa

귀엽다 (**gwiyeopda**) - ser *cute*/tierno

멋있다 (**meositta**) - ser genial, con estilo

멋지다 (**meotjida**) - estar a la moda

잘생기다 (**jalsaenggida**) - ser guapo

날씨 (NALSSI) - CONDICIONES METEREOLÓGICAS

덥다 (**deopda**) - estar caliente

따뜻하다 (**ttatteuthada**) - estar cálido

시원하다 (**siwonhada**) - estar fresco

춥다 (**chupda**) - estar frío

습하다 (**seuphada**) - estar húmedo

건강 (GEONGANG) - SALUD

건강하다 (**geonganghada**) - estar sano

아프다 (**apeuda**) - estar enfermo, dolorido

피곤하다 (**pigonhada**) - estar cansado

졸리다 (**jollida**) - tener sueño

배고프다 (**baegopeuda**) - tener hambre

배부르다 (**baebureuda**) - estar lleno

감정 (GAMJEONG) - EMOCIONES

행복하다 (**haengbokhada**) - estar feliz

슬프다 (**seulpeuda**) - estar triste

무섭다 (**museopda**) - tener miedo / temor

화나다 (**hwanada**) - enfadarse

기쁘다 (**gippeuda**) - alegrarse

외롭다 (**oeropda**) - sentirse solo

품성 (PUMSEONG) - ATRIBUTOS PERSONALES

예의 바르다 (yeui bareuda) - ser cortés

겸손하다 (gyeomsonhada) - ser humilde

정직하다 (jeongjikhada) - ser honesto

똑똑하다 (ttokttokhada) - ser inteligente

게으르다 (ge-eureuda) - ser perezoso

성실하다 (seongsilhada) - ser diligente

친절하다 (chinjeolhada) - ser amable

조용하다 (joyonghada) - ser callado

시끄럽다 (sikkeureopda) - ser ruidoso

느긋하다 (neugeuthada) - ser relajado

긴장하다 (ginjanghada) - ser nervioso

멍청하다 (meongcheonghada) - ser estúpido

용감하다 (yonggamada) - ser valiente

겁쟁이이다 (geopjaengiida) - ser cobarde

화려하다 (hwaryeohada) - ser elegante / glamuroso

단순하다 (dansunhada) - ser simple

기타 (GITA) - OTROS ADJETIVOS

중요하다 (jungyohada) - ser importante

쓸모없다 (sseulmoeopda) - ser inútil

유명하다 (yumyeonghada) - ser famoso

특별하다 (teukbyeolhada) - ser especial

평범하다 (pyeongbeomhada) - ser ordinario

성공하다 (seonggonghada) - tener éxito

부사 - ADVERBIOS

갑자기 (gapjagi) - de repente: Describe acontecimientos inesperados.

Ej: 그 사람은 **갑자기** 떠났어요. (Geu sarameun **gapjagi** tteonasseoyo.) - «Se fue de repente».

계속 (gyesok) - continuamente, constantemente: Indica una acción que continúa sin detenerse.

Ej: 친구는 **계속** 통화 중이에요. (Chinguneun **gyesok** tonghwa jungieyo.) -

«Mi amigo continúa hablando por teléfono».

조금 (jogeum) - un poco, un poquito: Se utiliza para indicar un grado o cantidad pequeña.

Ej: **조금** 더 주세요. (**Jogeum** deo juseyo.) - «Por favor, dame un poco más».

벌써 (beolsseo) - ya: Indica algo que ha ocurrido antes de lo esperado.

Ej: **벌써** 끝났어요. (**Beolsseo** kkeutnasseoyo.) - «Ya terminó».

이제 (ije) - ahora: Se refiere al tiempo o momento actual, sugiriendo una transición hacia un nuevo acontecimiento.

Ej: **이제** 집에 가야 해요. (**ije** jibae gaya haeyo.) - «Necesito irme a casa ahora».

서로 (seoro) - el uno al otro, el otro: Describe acciones o sentimientos recíprocos entre dos o más personas.

Ej: 우리는 **서로** 사랑해요. (urineun **seoro** saranghaeyo.) - «Nos queremos el uno al otro».

가끔 (gakkeum) - A veces, ocasionalmente: Indica una acción que ocurre de vez en cuando.

Ej: **가끔** 외식을 해요. (**gakkeum** oesigeul haeyo.) -

«A veces, como en restaurantes».

아마 (ama) - probablemente, tal vez: se utiliza para expresar incertidumbre o probabilidad.

Ej: **아마** 비가 올 거예요. (**Ama** biga ol geoyeyo.) - «Probablemente lloverá».

절대로 (jeoldaero) - Nunca (debe usarse con verbos negativos): Se utiliza para enfatizar una prohibición o negación tajante.

Ej: **절대로** 잊지 마세요. (**Jeoldaero** itji maseyo.) - «Nunca lo olvides».

곧 (got) - pronto: Indica que algo ocurrirá en un futuro próximo.

Ej: 곧 올 거예요. (**Got** ol geoyeyo.) - «Llegarán pronto».

잘 (jal) - bien: Describe hacer algo de forma buena o satisfactoria.

Ej: 저는 **잘** 지내요. (Jeoneun **jal** jinaeyo). - «Me va bien».

역시 (yeoksi) - como se esperaba, efectivamente, después de todo: Se utiliza para expresar que algo ha resultado como se esperaba o para hacer una afirmación. A menudo se utiliza en conversaciones por sí solo para significar: «¡Lo sabía!».

Ej1: 그 가수는 **역시** 최고예요. (Geu gasuneun **yeoksi** choegoyeyo.) - «Ese cantante es, como era de esperar, el mejor».

Ejemplo 2:

-A: 그 그룹이 상을 받았어요. (Geu geurubi sangeul badasseoyo.) - «Ese grupo ganó el premio».

- B: 역시! (**Yeoksi**!) - «¡Lo sabía!»

참고 문헌 - REFERENCIAS

Talk To Me In Korean. (n.d.). Retrieved from https://www.talktomeinkorean.com

How To Study Korean. (n.d.). Retrieved from https://www.howtostudykorean.com

Seoul National University Language Education Institute. (n.d.). Retrieved from https://lei.snu.ac.kr

Innovative Language Learning. (n.d.). KoreanClass101. Retrieved from https://www.koreanclass101.com

FluentU. (n.d.). Retrieved from https://www.fluentu.com/korean

90 Day Korean. (n.d.). Retrieved from https://www.90daykorean.com

¡COMPARTE EL AMOR POR EL K-POP!

안녕, ¡familia del K-Pop! Bien hecho, ¡llegaste hasta el final!

¿Este libro te ayudó a dar el próximo paso en tu camino hacia el K-pop? ¿Te sientes más cerca del corazón del K-pop? ¿Mejoró tu experiencia como fan? Si es así…

Deja una reseña rápida o simplemente una valoración con estrellas y **ayuda a otros fans** a conocer más sobre el maravilloso lenguaje del K-pop. Es muy fácil:

1. Sólo tienes que escanear los siguientes códigos QR, que <u>te llevarán directamente a la página de opinión,</u> o volver a tu pedido en Amazon y hacer clic en el botón «Escribir una opinión sobre el producto».

2. Deja una calificación de estrellas.

3. Comparte tu opinión sobre cómo te ha ayudado este libro. ¡**Incluso unas palabras sencillas** pueden marcar una gran diferencia!

Cada opinión es como un canto de fans: cuantas más voces, más increíble será. ¡Comparte el amor por el K-pop!

¡고마워요! (Eso es «gracias»: ¡muestra todo lo que has aprendido en coreano!)

El equipo de Hallyu Press

P.D. Puntos extra si incluyes algo de coreano en tu reseña. Haz que otros fans digan «대박!». (¡daebak!) 😊

Si quieres pedir otro ejemplar de este libro, solo tienes que escanearlo:

www.ingramcontent.com/pod-product-compliance
Lightning Source LLC
Chambersburg PA
CBHW060527150626
46553CB00023B/621